Maike Farchant

# Die neuen steuerlichen Regelungen fürKleinunternehmer

Mit dem Umsatzsteuergesetz 2009

AF131951

EUROPÄISCHER
HOCH
SCHUL
VERLAG

Maike Farchant

# Die neuen steuerlichen Regelungen für Kleinunternehmer

www.europäischer-hochschulverlag.de

Farchant, Maike
**Die neuen steuerlichen Regelungen für Kleinunternehmer**
*Mit dem Umsatzsteuergesetz 2009*

1. Auflage 2009
ISBN: 978-3-86741-147-9
© Europäischer Hochschulverlag GmbH & Co. KG, Bremen, 2009.
www.europäischer-hochschulverlag.de
Alle Rechte vorbehalten

Die Deutsche Bibliothek verzeichnet diesen Titel in der
Deutschen Nationalbibliografie. Bibliografische Daten sind unter
http://dnb.ddb.de abrufbar.

EUROPÄISCHER

HOCH
SCHUL
VERLAG

# Inhaltsverzeichnis

# 1. Einleitung, Geschichte

Bereits das UStG 1967 enthielt eine besondere Vereinfachungsregelung für Kleinunternehmer (KU). Diese musste im Rahmen der Anpassung des deutschen Umsatzsteuerrechts an die EU-rechtlichen Vorgaben der 6. EG-Richtlinie mit dem UStG 1980 modifiziert werden. Der § 19 UStG 1980 sah vor, dass Unternehmer mit einem Jahresumsatz von weniger als 20.000 DM im vorangegangenen Kalenderjahr und voraussichtlich weniger als 100.000 DM im laufenden Kalenderjahr keine Umsatzsteuer zu entrichten hatten. Darüber hinaus konnte der Unternehmer nach § 19 Abs. 2 UStG 1980 auf die Anwendung der KUR verzichten.

Die KUR des § 19 UStG ist im Laufe der Zeit mehrfach geändert worden. So wurde zuletzt zum 01.01.2003 die Jahresumsatzgrenze des § 19 Abs. 1 UStG von 16.620 € auf 17.500 € bzw. 50.000 Euro (für den maximal zu erwartenden Umsatz) erhöht. Die jüngste grundlegende Novellierung des Umsatzsteuerrechts 2009 strahlt in vieler Hinsicht auf die KUR aus.

## 2. Die Kleinunternehmerregelung

### 2.1. Grundlagen

Die Besteuerung von Kleinunternehmern ist im § 19 UStG geregelt.[1]

Zweck der KUR des § 19 UStG ist es, Unternehmer, die steuerpflichtige Umsätze in nur geringem Umfang tätigen, aus Verwaltungsvereinfachungsgründen von der Umsatzbesteuerung auszunehmen. Der § 19 UStG beabsichtigt hingegen nicht die Subventionierung oder Existenzsicherung des Kleinunternehmers. Gleichwohl treten beide Effekte häufig ein.

§ 19 UStG bewirkt aus umsatzsteuerlicher Sicht die wahlweise Gleichstellung von Kleinunternehmern mit Nichtunternehmern. Die Sonderregelung ist insbesondere für Existenzgründer und nebenberuflich tätige Unternehmer mit geringen Umsätzen gedacht.

Da von Kleinunternehmern keine Umsatzsteuer erhoben wird, können diese im Gegenzug auch keinen Vorsteuerabzug geltend machen. Wer also erheblich investiert und damit Vorsteuer an Dritte zu zahlen hat, fährt trotz anfänglich geringer Umsätze ohne die KUR unter Umständen besser. Auf der anderen Seite hat der KU die Möglichkeit, seine Ware um den Umsatzsteuersatz, den er nicht abzuführen braucht, preiswerter anzubieten.

### 2.2. Voraussetzungen für die Anwendung der KUR

Die Anwendung der Kleinunternehmerreglung setzt voraus, dass es sich bei dem KU um einen in Deutschland ansässigen Unternehmer handelt, der im Vorjahr 17.500 Euro Umsatz nicht überschritten hat und der im laufenden Jahr voraussichtlich nicht mehr als 50.000 Euro umsetzen wird.

---

[1] Text in Anlage

## 2.2.1. Inländischer Unternehmer

Die Unternehmereigenschaft wird in § 2 Abs. 1 UStG definiert.

Danach ist Unternehmer, wer eine gewerbliche oder berufliche Tätigkeit selbständig ausübt. Gewerblich oder beruflich ist jede nachhaltige Tätigkeit zur Erzielung von Einnahmen, auch wenn die Gewinnerzielungsabsicht fehlt.[2] Die Organisationsform (natürliche Person, juristische Person, Personengesellschaft) spielt keine Rolle.

Nach dem Grundsatz der Unternehmenseinheit kommt es auf alle Unternehmen eines Unternehmers in Gänze an, wer z.B. als Kaufmann ein Handelsgeschäft betreibt, kann dieses nicht willkürlich in mehrere Teilbereiche aufteilen, um so mit den einzelnen Unternehmensteilen unter die Grenzen der KUR zu kommen. Anderes gilt, wenn ein Unternehmer mehrere selbständige juristische Personen führt, hier kommt es bei den Grenzen der KUR auf die jeweilige juristische Person isoliert an.

Das Unternehmen muss darüber hinaus im Inland (oder in einem inländischen Freihafen) angesiedelt sein, um von der KUR Gebrauch machen zu können. Auch eine englische Limited kann von der KUR Gebrauch machen, wenn sie ihren Verwaltungssitz nach Deutschland verlegt hat oder hier eine Zweigniederlassung gegründet hat.[3]

## 2.2.2. Umsatzgrenzen

Die für Lieferungen und sonstige Leistungen, die der KU im Inland gegen Entgelt im Rahmen seines Unternehmens anbietet geschuldete Umsatzsteuer wird vom KU nicht erhoben, wenn der im § 19 Abs. 1 Satz 2 UStG bezeichnete Umsatz (ohne Umsatzsteueranteil) im vorangegangenen Kalenderjahr 17.500 € nicht überstiegen hat und im laufenden Kalenderjahr voraus-

---

[2] § 2 Abs. 1 Satz 3 UStG
[3] Einzelheiten bei Degenhardt, Die Limited in Deutschland, 5. Auflage 2007

sichtlich 50.000 € nicht übersteigen wird.

Nimmt der Unternehmer seine gewerbliche oder berufliche Tätigkeit neu auf, ist allein auf den voraussichtlichen Jahresgesamtumsatz des laufenden Kalenderjahres abzustellen.[4] Maßgeblich ist hierbei der bei der Aufnahme der unternehmerischen Tätigkeit zu erwartende voraussichtliche Jahresgesamtumsatz. Liegen bei der Aufnahme der unternehmerischen Tätigkeit keinerlei Anhaltspunkte dafür vor, dass der Jahresgesamtumsatz 17.500 € übersteigen wird, findet die KUR Anwendung. [5] Übersteigt der Umsatz im laufenden Kalenderjahr wider Erwarten die Umsatzgrenze, ist dies unschädlich und führt zu keiner rückwirkenden Neubewertung. Es bleibt bei der Umsatzsteuerbefreiung für das laufende Jahr (nicht aber in der Regel für das Folgejahr - dazu später). Gleiches gilt, wenn der Unternehmer seinen Geschäftsgegenstand im laufenden Jahr ausweitet und er aus diesem Grund die angenommenen Umsatzgrenzen überschreitet. Dies gilt nur dann nicht, wenn diese Ausweitung bei Jahresbeginn bereits absehbar war.

Hat die Unternehmereigenschaft bereits im Vorjahr bestanden, so sind für die Prüfung der Anwendbarkeit der KUR der tatsächliche Jahresgesamtumsatz des Vorjahres und der zu erwartende voraussichtliche Umsatz im laufenden Kalenderjahr maßgebend. Neben der für das Vorjahr geltenden Grenze von 17.500 € darf der voraussichtliche Gesamtumsatz im laufenden Kalenderjahr 50.000 € nicht übersteigen.[6] Ist zu Beginn eines Jahres mit einem voraussichtlichen Umsatz zuzüglich Umsatzsteuer von nicht mehr als 50.000 € zu rechnen, gilt die KUR auch dann, wenn der tatsächliche Umsatz zuzüglich Umsatzsteuer im Laufe des Kalenderjahres 50.000 € überschreitet.[7]

Wurde die unternehmerische Tätigkeit nicht zum Anfang des

---

[4] A 246 Abs. 4 Satz 1 und 3 UStR 2005
[5] A 246 Abs. 4 Satz 2 UStR 2005
[6] A 246 Abs. 3 Satz 1 UStR 2005
[7] A 246 Abs. 3 Satz 4 UStR 2005

Vorjahres bzw. des laufenden Kalenderjahres aufgenommen, sondern erst später, ist im Hinblick auf die Umsatzgrenzen eine Hochrechnung auf den Jahresumsatz vorzunehmen.[8] Angefangene Kalendermonate sind bei der Umrechnung als volle Kalendermonate zu behandeln, es sei denn, dass die Umrechnung nach Tagen zu einem niedrigeren Jahresgesamtumsatz führt.[9] Letzteres ist nur ganz ausnahmsweise der Fall. Wird eine unternehmerische Tätigkeit nicht ganzjährig ausgeübt, ist ausnahmsweise keine Umrechnung der erzielten Umsätze in einen Jahresgesamtumsatz vorzunehmen, auch wenn das Unternehmen fortgesetzt werden soll. [10] Dies gilt z.B. bei Saisonbetrieben in Ferienorten. [11]

Droht am Ende eines Jahres die Überschreitung der Umsatzgrenze, kann es sinnvoll sein, Umsätze bewusst auf das Folgejahr zu verlagern, um auch dann von der KUR zu profitieren.

## 2.2.3. Umsatzberechnung

Grundlage für die Ermittlung des Umsatzes ist der Gesamtumsatz gem. § 19 Abs. 3 UStG. In diesen sind nicht nur entgeltliche Umsätze, sondern auch unentgeltliche Entnahmen und sonstige Leistungen[12] einzubeziehen. Unentgeltliche Entnahmen und sonstige Leistungen sind jedoch nur dann steuerbar, wenn der entnommene Gegenstand oder der für die sonstige Leistung erbrachte Wert bei der Anschaffung zum vollen oder teilweisen Vorsteuerabzug berechtigt hat[13] bzw. die Versagung des Vorsteuerabzugs lediglich darauf beruhte, dass der Unternehmer auf Grund der KUR nicht zum Vorsteuerabzug berechtigt war.

Nicht einzubeziehen sind hingegen Umsätze, die gem. der Ein-

---

[8]  § 19 Abs. 3 Satz 3 UStG, A 251 Abs. 3 UStR 2005
[9]  § 19 Abs. 3 Satz 4 UStG
[10]  FG Düsseldorf, Urteil vom 25.05.1988 – 1 K 86/83 U, EFG 1988, 495
[11]  BFH-Urteil vom 13.12.1963 – V 77/61 U, BStBl 1964 III S. 90
[12]  § 3 Abs. 9a UStG
[13]  vgl. für Entnahmen § 3 Abs. 1b Satz 2 UStG; vgl. für sonstige Leistungen A 24c Abs. 2 Satz 1 und 3 UStR 2005

fuhrumsatzsteuer unterliegen und innergemeinschaftliche Erwerbe gem. § 1 Abs. 1 Nr. 5 UStG. Gleiches gilt für zwischen Unternehmen und Unternehmer ausgeführte Umsätze.

Abzuziehen sind hingegen Umsätze, welche gem. § 4 Nr. 8i, Nr. 9b und Nr. 11 bis 28 UStG <u>steuerfrei</u> sind bzw. gem. § 4 Nr. 8 Buchstabe a bis h Nr. 9a und Nr. 10 UStG, wenn es sich bei diesen Umsätzen um <u>Hilfsumsätze</u> handelt. Als Hilfsumsätze sind solche Umsätze anzusehen, die zwar zur unternehmerischen Tätigkeit des Unternehmens gehören, jedoch nicht den eigentlichen Gegenstand des Unternehmens bilden.[14] Dies betrifft z.B. die Veräußerung von Anlagevermögen. Gleiches gilt für die Veräußerung von Wirtschaftsgütern, die zum Anlagevermögen des Unternehmens gehören. Dies sind Wirtschaftsgüter, die dazu bestimmt sind, dem Unternehmen auf Dauer zu dienen.[15] Ob ein Wirtschaftsgut des Anlagevermögens vorliegt, ist grundsätzlich nach den für das Einkommensteuerrecht maßgebenden Kriterien zu beurteilen.[16]

Bei der Prüfung der Vorjahres-Umsatzgrenzen ist der nach vereinnahmten Entgelten ermittelte Umsatz zu Grunde zu legen.[17] Der Umsatz gem. § 19 Abs. 1 UStG ist nach vereinnahmten Entgelten zu berechnen.[18]

## 2.3. Rechtsfolgen der KUR

### 2.3.1. Regel

Folgende Regelungen des UStG finden gem. § 19 Abs. 1 Satz 4 UStG für KU keine Anwendung:

- Der KU ist nicht berechtigt, die in seinen Ausgaben enthaltene Umsatzsteuer als Vorsteuer geltend zu machen

---

[14] A 251 Abs. 2 Satz 4 UStR 2005, BFH-Urteil vom 24.02.1988 – X R 58/82, BFH/NV 1988, 601
[15] § 249 Abs. 2 HGB
[16] A 246 Abs. 6 Satz 3 UStR 2005
[17] § 19 Abs. 1 Satz 2 UStG
[18] § 19 Abs. 1 Satz 2 UStG i.V.m. A 246 Abs. 2 Satz 2 UStR 2005

(§ 19 Abs. 1 Satz 4 UStG). Dies ist die wesentliche Kehrseite der Anwendung der KUR.

- Weiter scheidet der im Rahmen eines innergemeinschaftlichen Erwerbs[19] gem. § 15 Abs. 1 Satz 1 Nr. 3 UStG grundsätzlich mögliche Vorsteuerabzug aus.

- Darüber hinaus kann der KU nicht nach § 9 UStG auf die Steuerbefreiung in den dort genannten Fällen verzichten. Ein solcher Verzicht ist beispielsweise dann sinnvoll, wenn ein Unternehmer seine Leistungen an andere Unternehmer erbringt, die dann infolge des Verzichts auf die Steuerbefreiung die Umsatzsteuer aus den Lieferungen des Unternehmers als Vorsteuer abziehen können. Gleiches gilt, wenn der Unternehmer hohe Aufwendungen im Vorgriff auf spätere steuerbefreite Geschäfte (z.B. Sanierung eines Wohnhauses zur späteren Vermietung an Private) tätigt. Hier entfällt die Wahlmöglichkeit für den KU. Dies dürfte im Regelfall angesichts der geringen KU-Umsätze bedeutungslos sein. Wer jedoch nach § 9 UStG optieren möchte, muss nach § 19 Abs. 2 UStG auf die Anwendung der KUR verzichten

- Darüber hinaus darf der KU gem. § 19 Abs. 1 Satz 4 UStG in seinen Rechnungen keine Umsatzsteuer ausweisen. Ein Verstoß hiergegen hat gravierende Folgen, denn falsch ausgewiesene Umsatzsteuerbeträge werden durch den KU gem. § 14c UStG der Finanzverwaltung geschuldet.

- Bei KU findet die Vorschrift über die Angabe der USt-ID in Rechnungen (§ 14a UStG) keine Anwendung. Das gilt nur dann nicht, wenn der KU die maßgebende Erwerbsschwelle des § 1a Abs. 3 Nr. 2 UStG im Vorjahr überschritten hat oder im laufenden Kalenderjahr voraussichtlich überschreiten wird, er gem. § 1a Abs. 4 UStG zur

---

[19] § 1a UStG

Erwerbsbesteuerung optiert hat oder er gem. § 1a Abs. 5 UStG neue Fahrzeuge bzw. verbrauchsteuerpflichtige Waren erwirbt.

## 2.3.2. Ausnahmen

Die im Rahmen der KUR vorgesehene Nichterhebung der Umsatzsteuer findet in folgenden Fällen keine Anwendung: [20]

- Unberechtigter Steuerausweis (§ 14c Abs. 2 UStG)

- Leistungsempfänger ist Steuerschuldner (§ 13b Abs. 2 UStG)

- Innergemeinschaftliche Dreiecksgeschäfte (§ 25b Abs. 2 UStG)

- Umsatzsteuerlager (§ 13a Abs. 1 Nr. 6 UStG)

Wird die Umsatzsteuer in einer Rechnung unrichtig oder unberechtigt ausgewiesen, so muss diese falsch ausgewiesene Steuer an das Finanzamt abgeführt werden.

Folgende Fallgestaltungen werden von § 14c Abs. 1 UStG erfasst:

- Rechnungsausstellung mit gesondertem Steuerausweis für steuerpflichtige Leistungen, wenn eine höhere als die dafür geschuldete Steuer ausgewiesen wurde (z. B. 19% statt 7% für Bücher)

- Rechnungsausstellung mit gesondertem Steuerausweis für steuerfreie oder nicht steuerbare Leistungen (z.B. Versicherungsdienstleistungen)

- Rechnungsausstellung mit gesondertem Steuerausweis für nicht versteuerte steuerpflichtige Leistungen, wenn die Steuer für die Leistung wegen des Ablaufs der Festsetzungsfrist nicht mehr erhoben werden kann.

---

[20] § 19 Abs. 1 Satz 3 UStG

## 2.3.2.1. Unberechtiger Steuerausweis

Das Problem des unberechtigten Steuerausweises gem. § 14c Abs. 2 UStG kann den KU z.B. auch dann treffen, wenn er einer Gutschrift eines anderen Unternehmers mit offen ausgewiesener Umsatzsteuer nicht widersprochen hat.

Die Rechtsfolge des § 14c Abs. 1 UStG tritt unabhängig davon ein, ob der Leistungsempfänger den Vorsteuerabzug vorgenommen hat. Der § 14c Abs. 1 UStG findet auch in den Fällen Anwendung, in denen der Steuerbetrag von einem zu hohen Entgelt berechnet wurde oder in denen für dieselbe Leistung mehrere Rechnungen ausgestellt wurden.[21]

In den Fällen des § 14c Abs. 1 Satz 2 UStG lässt das Gesetz eine Berichtigung des Steuerbetrages zu. Der Rechnungsaussteller kann die zu hoch ausgewiesene Umsatzsteuer berichtigen, dies muss in Schriftform erfolgen. Die Berichtigung des geschuldeten Mehrbetrags ist für den Besteuerungszeitraum vorzunehmen, in welchem dem Leistungsempfänger die Rechnung mit geändertem Steuerausweis erteilt wurde.[22] Die Vorschrift des § 17 Abs. 1 UStG ist entsprechend anzuwenden.[23]

Die Berichtigung der zu hoch ausgewiesenen Umsatzsteuer erfolgt durch Berichtigungserklärung gegenüber dem Leistungsempfänger.[24] Dem Empfänger muss die schriftliche Berichtigung zugehen.

Besonderheiten gelten in den Fällen der Geschäftsveräußerung im Ganzen[25] und in den Fällen der Rückgängigmachung des Verzichts auf die Steuerbefreiung nach § 9 UStG. Die Berichtigung des geschuldeten Steuerbetrages ist in diesen Fällen nur zulässig, wenn die Gefährdung des Steueraufkommens beseitigt

---

[21] A 190c Abs. 4 UStR 2005

[22] A 190c Abs. 5 Satz 3 UStR 2005

[23] A 190c Abs. 5 Satz 2 UStR 2005

[24] A 190c Abs. 6 Satz 3 UStR 2005, BFH-Urteil vom 10.12.1992, BStBl 1993 II S. 383

[25] § 1 Abs. 1a UStG

wurde.[26]

Wer in einer Rechnung einen Steuerbetrag gesondert ausweist, obwohl er zum gesonderten Ausweis der Steuer nicht berechtigt ist, schuldet den ausgewiesenen Betrag selber der Finanzverwaltung.[27] Das gleiche gilt, wenn ein Nicht-Unternehmer einen Steuerbetrag gesondert ausweist oder ein Unternehme eine abgerechnete Leistung nicht ausführt. Hierbei spielt keine Rolle, ob die Rechnung sonst alle in § 14 Abs. 4 UStG und § 14a UStG aufgeführten Angaben enthält.[28]

Nach § 14c Abs. 2 UStG ist der Rechnungsaussteller zur Abführung der unberechtigt ausgewiesenen Umsatzsteuer verpflichtet. Die Regelung erfasst folgende Sachverhalte:

- Ein KU weist in einer Rechnung Umsatzsteuer aus, obwohl er gem. § 19 Abs. 1 Satz 1 UStG dazu nicht berechtigt ist (Hauptfall)

- Ein Unternehmer erteilt eine Rechnung mit gesondertem Umsatzsteuerausweis, obwohl er eine Leistung nicht ausgeführt

- Ein Unternehmer erteilt eine Rechnung mit gesondert ausgewiesener Umsatzsteuer für eine Leistung, die er als Privatperson ausgeführt hat.

- Ein Nichtunternehmer weist Umsatzsteuer aus.

Im Gegensatz zum § 14c Abs. 1 UStG sieht § 14c Abs. 2 UStG die Möglichkeit einer Rechnungsberichtigung nur bei Vorliegen besonderer Voraussetzungen vor. Der nach § 14c Abs. 2 Satz 1 und 2 UStG geschuldete Steuerbetrag kann nur berichtigt werden, soweit der Aussteller der Rechnung den unberechtigten Steuerausweis gegenüber dem Rechnungsempfänger für ungültig erklärt hat und die Gefährdung des Steueraufkommens beseitigt

---

[26] § 14c Abs. 1 Satz 3 UStG, A 190c Abs. 10 UStR 2005 i.V.m. A 190d UStR 2005
[27] § 14c Abs. 2 Satz 1 UStG
[28] A 190d Abs. 1 Satz 3 UStR 2005

worden ist.[29] Die Gefährdung des Steueraufkommens ist beseitigt, wenn ein Vorsteuerabzug beim Empfänger der Rechnung nicht durchgeführt oder die geltend gemachte Vorsteuer an die Finanzbehörde zurückgezahlt worden ist.[30]

Der Schuldner der unberechtigt ausgewiesenen Umsatzsteuer hat die Berichtigung des geschuldeten Steuerbetrages bei dem für seine Besteuerung zuständigen Finanzamt gesondert schriftlich zu beantragen.[31] Diesem Antrag hat er ausreichende Angaben über die Identität des Rechnungsempfängers beizufügen.[32] Die Berichtigung des geschuldeten Steuerbetrags ist nach Zustimmung des Finanzamtes in entsprechender Anwendung des § 17 Abs. 1 UStG für den Besteuerungszeitraum vorzunehmen, in dem die Gefährdung des Steueraufkommens beseitigt wurde.[33]

Der Rechnungsaussteller ist gemäß § 14c Abs. 2 UStG verpflichtet, die ausgewiesenen Umsatzsteuer in einer Umsatzsteuererklärung anzumelden und an das zuständige Finanzamt abzuführen. Dabei spielt es keine Rolle, ob es sich um einen Unternehmer oder um einen Nicht-Unternehmer handelt. Sofern es sich bei dem Rechnungsaussteller um einen Unternehmer im Sinne des § 2 UStG handelt, ergibt sich diese Verpflichtung im Allgemeinen aus § 18 Abs. 1, 2 UStG i.V.m. § 16 Abs. 1 Satz 4 UStG. Bei einem Nichtunternehmer findet diese Regelung nach § 18 Abs. 4b UStG i.V.m. § 18 Abs. 4a UStG entsprechende Anwendung.

Nach § 370 Abs. 1 Nr. 1 AO begeht eine Steuerhinterziehung u.a., wer den Finanzbehörden über steuerlich erhebliche Tatsachen unrichtige oder unvollständige Angaben macht und dadurch Steuern verkürzt. Die Nichtzahlung des nach § 14c Abs. 2 UStG geschuldeten Betrages erfüllt damit den Tatbestand der Steuer-

---

[29] § 14c Abs. 2 Satz 3 UStG, A 190d Abs. 3 Satz 1 UStR 2005
[30] § 14c Abs. 2 Satz 4 UStG
[31] § 14c Abs. 2 Satz 5 UStG, A 190d Abs. 4 Satz 1 UStR 2005
[32] A 190d Abs. 4 Satz 2 UStR 2005
[33] § 14c Abs. 2 Satz 5 UStG

hinterziehung nach § 370 AO.

## 2.3.2.2. Leistungsempfänger ist Steuerschuldner

Die für KU grundsätzlich geltende Nichterhebung der Umsatzsteuer findet keine Anwendung, wenn der der Leistungsempfänger der Steuerschuldner ist. KU schulden als Leistungsempfänger also für bestimmte an sie im Inland ausgeführte steuerpflichtige Umsätze die darauf entfallende Umsatzsteuer.[34] Diese
Steuerschuldnerschaft erstreckt sich sowohl auf die Umsätze für
den unternehmerischen als auch auf die Umsätze für den nichtunternehmerischen Bereich des Leistungsempfängers.[35]

Für folgende Umsätze schuldet nach § 13b Abs. 1 UStG der Leistungsempfänger die Steuer:

- Leistungen eines im Ausland ansässigen Unternehmers

- Umsätze, die unter das Grunderwerbsteuergesetz fallen

- Werklieferungen und sonstige Leistungen, die der Her-
  stellung, Instandsetzung, Instandhaltung, Änderung oder
  Beseitigung von Bauwerken dienen, mit Ausnahme von
  Planungs- und Überwachungsleistungen.

- Lieferungen von Gas und Elektrizität eines im Ausland
  ansässigen Unternehmers unter den Bedingungen des
  § 3g UStG.

Dies gilt auch, wenn die Leistungen für den nichtunternehmerischen Bereich bezogen werden.[36] Ausgenommen sind Transport-
leistungen im grenzüberschreitenden Verkehr (Taxi, Flüge,
Bahnverkehr, § 16 Abs. 5 UStG)

Bei den im § 13b Abs. 1 UStG aufgeführten Umsätzen entsteht
die Steuer mit Ausstellung der Rechnung, spätestens jedoch mit

---

[34] § 13b Abs. 2 UStG
[35] A 182a Abs. 1 Satz 4 UStR 2005
[36] § 13b Abs. 2 Satz 3 UStG

Ablauf des der Ausführung der Leistung folgenden Kalendermonats.[37]

---

[37] § 13b Abs. 1 Satz 1 UStG

## 3. Wechsel der Besteuerungsform

Das Umsatzsteuergesetz unterscheidet zwischen den beiden Besteuerungsformen KUR und Regelbesteuerung. Die Regelbesteuerung gliedert sich in die Besteuerung nach vereinbarten Entgelten und die Besteuerung nach vereinnahmten Entgelten.

Der KU kann auf Antrag in die Regelbesteuerung wechseln. Er muss dies tun, sobald er eine der in § 19 UStG genannten Umsatzgrenzen überschreitet.

So kann der KU bis zur Unanfechtbarkeit der Steuerfestsetzung erklären, dass er auf die Anwendung der KUR gem. § 19 UStG verzichtet.[38] Die Option gilt rückwirkend für das gesamte Kalenderjahr. Für die Erklärung der Option nach § 19 Abs. 2 UStG ist keine bestimmte Form vorgesehen. Berechnet der Unternehmer in den Voranmeldungen oder in der Steuererklärung für das Kalenderjahr die Steuer nach den allgemeinen Vorschriften des UStG, ist darin eine Option im Sinne des § 19 Abs. 2 Satz 1 UStG zu sehen.[39] Im Zweifel ist der Unternehmer zu fragen, welcher Besteuerungsform er seine Umsätze unterwerfen will.[40] Die Ausübung der Wahl bindet für 5 Jahre, ein (Rück-) Wechsel ist innerhalb dieser Zeit nicht möglich. Hierdurch will man der Rosinenpickerei durch Unternehmer begegnen.

Wird die Besteuerungsform gewechselt, dürfen keine Umsätze unversteuert bleiben bzw. doppelt besteuert werden. Darüber hinaus bedarf es der Klärung der Frage, welche Vorsteuerbeträge geltend gemacht werden können und welche nicht.

Für die Entstehung der Umsatzsteuer ist der Leistungszeitpunkt maßgebend. Es kommt also auf die jeweilige Besteuerungsform des Kalenderjahres an, in dem der betreffende Umsatz ausgeführt wurde Für den Vorsteuerabzug ist hingegen der Zeitpunkt

---

[38] § 19 Abs. 2 Satz 1 UStG
[39] BFH-Urteil vom 19.12.1985 - V R 167/82, BStBl 1986 II S. 420; A 247 Abs. 1 UStR 2005
[40] A 247 Abs. 1 Satz 4 Nr. 2 UStR 2005

des Leistungsbezugs maßgebend.

Umsätze, die der Unternehmer vor dem Übergang zur Regelbesteuerung ausgeführt hat, fallen auch dann unter die KUR, wenn die Entgelte nach diesem Zeitpunkt vereinnahmt werden.[41] Umsätze, die der Unternehmer nach dem Übergang ausführt, unterliegen jedoch der Regelbesteuerung.[42]

Der Vorsteuerabzug ist hingegen erst dann möglich, wenn die Eingangsleistung nach dem Zeitpunkt des Wechsels zur Regelbesteuerung erfolgt ist.[43] Auf den Zeitpunkt der Rechnung kommt es nicht an.[44]

Umsätze, die der Unternehmer vor dem Übergang von der Regelbesteuerung zur KUR ausgeführt hat, unterliegen der Regelbesteuerung.[45] Werden Entgelte für die vorgenannten Umsätze nach dem Übergang zur KUR vereinnahmt, gilt Folgendes:

- Hat der Unternehmer die Steuer vor dem Übergang nach vereinbarten Entgelten berechnet, waren die Umsätze bereits vor dem Übergang zu versteuern.[46]

- Hat der Unternehmer die Steuer vor dem Übergang nach vereinnahmten Entgelten berechnet, sind die Umsätze nach dem Übergang der Regelbesteuerung zu unterwerfen, und zwar in dem Besteuerungs- oder Voranmeldungszeitraum, in dem die Entgelte vereinnahmt werden.[47]

- Umsätze, die der Unternehmer nach dem Übergang zur KUR ausführt, fallen unter § 19 Abs. 1 UStG.[48]

Der Wechsel von der KUR zur Regelbesteuerung stellt eine so

---

[41] A 253 Abs. 1 UStR 2005
[42] A 253 Abs. 2 UStR 2005
[43] A 253 Abs. 3 UStR 2005 i.V.m. A 191 Abs. 5 Satz 1 UStR 2005
[44] A 253 Abs. 3 UStR 2005 i.V.m. A 191 Abs. 5 Satz 4 UStR 2005
[45] A 253 Abs. 6 Satz 1 UStR 2005
[46] § 13 Abs. 1 Nr. 1a UStG
[47] § 13 Abs. 1 Nr. 1b UStG
[48] A 253 Abs. 7 Satz 1 UStR 2005

genannte Änderung der für den Vorsteuerabzug maßgeblichen Verhältnisse dar. [49] (§ 15a UStG) und bedarf oftmals der Berichtigung des Vorsteuerabzugs. Dieser richtet sich nach den oben dargestellten Grundsätzen.

---

[49] Az.: V R 31/02, BFH/NV 2004, 1487

## 4. Rechnungslegung durch KU

KU haben sämtliche umsatzsteuerlichen Verpflichtungen, von denen sie nicht nach § 19 Abs. 1 Satz 4 UStG befreit sind, zu erfüllen. Dazu zählt neben der Verpflichtung zur Abgabe der Umsatzsteuer-Jahreserklärung[50] vor allem die Verpflichtung zur Ausstellung der Rechnung in den Fällen des § 14 Abs. 2 Satz 1 UStG.

Eine Rechnung muss gem. § 14 Abs. 4 Satz 1 UStG folgende Angaben enthalten:

1. den vollständigen Namen und die vollständige Anschrift des leistenden Unternehmers und des Leistungsempfängers,

2. die dem leistenden Unternehmer vom Finanzamt erteilte Steuernummer oder die ihm vom Bundeszentralamt für Steuern erteilte USt-ID,

3. das Ausstellungsdatum,

4. eine fortlaufende Nummer mit einer oder mehreren Zahlenreihen, die zur Identifizierung der Rechnung vom Rechnungsaussteller einmalig vergeben wird (Rechnungsnummer),

5. die Menge und die Art (handelsübliche Bezeichnung) der gelieferten Gegenstände oder den Umfang und die Art der sonstigen Leistung,

6. den Zeitpunkt der Lieferung oder sonstigen Leistung bzw. den Zeitpunkt der Vereinnahmung des Entgelts oder eines Teils des Entgelts für eine noch nicht ausgeführte Lieferung oder sonstige Leistung[51], sofern dieser Zeitpunkt feststeht und nicht mit dem Ausstellungsdatum der Rechnung identisch ist,

---

[50] § 18 Abs. 3 UStG
[51] § 14 Abs. 5 Satz 1 UStG

7.      das nach Steuersätzen und einzelnen Steuerbefreiungen aufgeschlüsselte Entgelt für die Lieferung oder sonstige Leistung (§ 10 UStG) sowie jede im Voraus vereinbarte Minderung des Entgelts, sofern sie nicht bereits im Entgelt berücksichtigt ist.

8.      den anzuwendenden Steuersatz sowie den auf das Entgelt entfallenden Steuerbetrag oder im Fall einer Steuerbefreiung einen Hinweis darauf, dass für die Lieferung oder sonstige Leistung eine Steuerbefreiung gilt und

9.      in den Fällen des § 14b Abs. 1 Satz 5 UStG (grundstücksbezogene Leistungen an Private)[52] einen Hinweis darauf, dass der Leistungsempfänger die Rechnung zwei Jahre aufzubewahren hat.

KU dürfen aus den bereits erläuterten Gründen die Umsatzsteuer nicht ausweisen.

Eine <u>vereinfachte Rechnungslegung</u> ist dann möglich, wenn der Gesamtbetrag einer Rechnung 150 € nicht übersteigt. Diese Kleinbetragsrechnungen müssen abweichend von den sonst für Rechnungen geltenden Formerfordernissen lediglich folgende Angaben enthalten:

1.      den vollständigen Namen und die vollständige Anschrift des Unternehmers,

2.      das Ausstellungsdatum,

3.      die Menge und die Art der gelieferten Gegenstände oder den Umfang und die Art der sonstigen Leistung und

4.      das Entgelt und den darauf entfallenden Steuerbetrag für die Lieferung oder sonstige Leistung in einer Summe sowie den anzuwendenden Steuersatz oder im Fall einer

---

[52] Der Hinweis ist nur in den Fällen zu erteilen, wenn der Unternehmer (Leistungsgeber) Leistungen gem. § 14 Abs.2 Satz 1 Nr. 1 UStG (grundstücksbezogene Leistungen) erbringt und der Leistungsempfänger kein Unternehmer ist oder Unternehmer ist, aber die Leistung für seinen privaten Bereich bezogen hat.

Steuerbefreiung einen Hinweis darauf, dass für die Lieferung oder sonstige Leistung eine Steuerbefreiung gilt.[53]

Für KU gilt auch hier, dass die Angabe des Steuersatzes naturgemäß entfällt.

Für <u>Gutschriften</u> gilt das zu Rechnungen gesagte entsprechend.

---

[53] § 33 Satz1 UStDV

## 5. Umsätze innerhalb der Europäischen Union (EU)

Ein KU kann innerhalb der EU u.a. innergemeinschaftliche Lieferungen und Erwerbe ausführen.

## 5.1. Innergemeinschaftliche Lieferungen

Eine innergemeinschaftliche Lieferung liegt dann vor, wenn ein KU einen Gegenstand[54] von Deutschland in einen anderen EU-Mitgliedsstaat liefert. Ein innergemeinschaftlicher Erwerb liegt hingegen dann vor, wenn ein KU einen Gegenstand aus einem EU-Mitgliedsstaat nach Deutschland geliefert bekommt.

Innergemeinschaftliche Lieferungen sind grundsätzlich steuerfrei gem. § 6a UStG i.V.m. § 4 Nr. 1b UStG. Gem. § 19 Abs. 1 Satz 4 UStG findet die Vorschrift über die Steuerbefreiung von innergemeinschaftlichen Lieferungen jedoch auf KU keine Anwendung. Die durch den KU erbrachte innergemeinschaftliche Lieferung ist also nicht steuerbefreit. Die Steuer für diese Lieferung wird jedoch gem. § 19 Abs. 1 Satz 1 UStG in Deutschland nicht erhoben. Der ausländische Unternehmer unterliegt jedoch der (für ihn inländischen) Umsatzbesteuerung.

Von der normalen innergemeinschaftlichen Lieferung ist der Sonderfall der innergemeinschaftlichen Lieferung neuer Fahrzeuge abzugrenzen. Nach § 19 Abs. 4 Satz 1 UStG findet der § 19 Abs. 1 UStG für innergemeinschaftliche Lieferungen neuer Fahrzeuge keine Anwendung. Ein PKW ist neu, wenn er nicht mehr als 6.000 Kilometer zurückgelegt hat oder wenn seine erste Inbetriebnahme im Zeitpunkt des Erwerbs nicht mehr als sechs Monate zurückliegt (Für Schiffe und Luftfahrzeuge gelten besondere Regelungen).[55] Liefert ein KU ein Neufahrzeug in einen Mitgliedsstaat der EU, so ist diese Lieferung, soweit die Voraussetzungen des § 6a UStG erfüllt sind, gem. § 4 Nr. 1b UStG steuer-

---

[54] A 24 Abs. 1 UStR 2005
[55] vgl. Dathe, Die Kleinunternehmerregelung, 2. Auflage 2009.

frei. Die Geltendmachung von Vorsteuer für Altfälle bleibt in den Grenzen des § 15 Abs. 4a UStG möglich.[56] Der KU ist verpflichtet, auch für steuerfreie Lieferungen eine Rechnung zu erstellen,[57] in welcher er auf die Steuerfreiheit hinzuweisen hat.[58]

Von der Pflicht zu Abgabe der so genannten „Zusammenfassende Meldung" für innergemeinschaftliche Lieferungen ist der KU befreit.[59]

## 5.2. Innergemeinschaftliche Erwerbe

KU müssen innergemeinschaftliche Erwerbe grundsätzlich nicht versteuern.[60] Es gibt allerdings drei Ausnahmen von dieser Regel:

KU müssen den innergemeinschaftlichen Erwerb demnach dann versteuern, wenn sie

- die so genannte Erwerbsschwelle überschritten[61] oder

- zur Erwerbsbesteuerung optiert[62] haben oder

- neue Fahrzeuge oder verbrauchsteuerpflichtige Waren bezogen haben.[63]

Die <u>Erwerbsschwelle</u> wird dann nicht überschritten, wenn der Gesamtbetrag der Entgelte für innergemeinschaftliche Erwerbe im Sinne des § 1a Abs. 1 Nr. 1 UStG und des § 1a Abs. 2 UStG (ohne neue Fahrzeuge oder verbrauchsteuerpflichtige Waren) aus allen EU-Mitgliedsstaaten den Betrag von 12.500 € im vorangegangenen Kalenderjahr nicht überstiegen hat und im laufenden Kalenderjahr voraussichtlich nicht übersteigen wird.

---

[56] vgl. Dathe, aaO.
[57] § 14a Abs. 3 Satz 1 UStG
[58] § 14 Abs. 4 Satz 1 Nr. 8 UStG
[59] § 18a Abs. 1 Satz 3 UStG, A 245a Abs. 3 UStR 2005
[60] § 1a Abs. 3 Nr. 1a UStG
[61] § 1a Abs. 3 Nr. 1b und Nr. 2 UStG
[62] § 1a Abs. 4 UStG
[63] § 1a Abs. 5 UStG

Wurde die Erwerbsschwelle im vorangegangenen Kalenderjahr nicht überschritten und ist zu erwarten, dass sie auch im laufenden Kalenderjahr nicht überschritten wird, kann die Erwerbsbesteuerung auch dann unterbleiben, wenn die tatsächlichen innergemeinschaftlichen Erwerbe im Laufe des Kalenderjahres die Grenze von 12.500 € überschreiten.[64] Für die Frage, ob die Erwerbsschwelle im laufenden Kalenderjahr voraussichtlich nicht überschritten wird, ist auf die Prognose zu Beginn des Kalenderjahres bzw. zu Beginn der unternehmerischen Tätigkeit abzustellen. Es gilt hier das zu den Umsatzgrenzen des § 19 UStG gesagte.

Der KU kann bei dem innergemeinschaftlichen Erwerb eines Gegenstandes auf die grundsätzlich vorgesehene Nichtversteuerung des innergemeinschaftlichen Erwerbs gem. § 1a Abs. 4 UStG im Wege der Option verzichten.[65] Der Verzicht ist gegenüber dem Finanzamt zu erklären und bindet den KU für zwei Kalenderjahre.[66] Die Erklärung ist an keine bestimmte Form gebunden.[67] Die Ausübung der Option kann beispielsweise dann sinnvoll sein, wenn der KU einen Gegenstand in einem Mitgliedsstaat der EU erwirbt, in dem der Umsatzsteuersatz stark von dem in Deutschland geltenden abweicht.

Kauft ein KU im Rahmen eines innergemeinschaftlichen Erwerbs ein neues Fahrzeug oder verbrauchsteuerpflichtige Waren, so muss er stets die Versteuerung des innergemeinschaftlichen Erwerbs durchführen.[68] Verbrauchsteuerpflichtige Waren sind Mineralöle, Alkohol, alkoholische Getränke und Tabakwaren.[69]

Die Erklärungspflichten für innergemeinschaftliche Erwerbe ergeben sich aus § 18 Abs. 4a UStG: Der KU ist zur Abgabe einer Umsatzsteuererklärung bei dem Finanzamt verpflichtet. Im Rah-

---

[64] A 15a Abs. 2 Satz 5 UStR 2005
[65] § 1a Abs. 4 Satz 1 UStG
[66] § 1a Abs. 4 Satz 2 UStG
[67] A 15a Abs. 2 Satz 8 UStR 2005
[68] § 1a Abs. 5 Satz 1 UStG i.V.m. § 1a Abs. 3 UStG; A 15a Abs. 2 Satz 3 UStR 2005
[69] § 1a Abs. 5 Satz 2 UStG

men dieser Umsatzsteuererklärung muss der KU Angaben zu den von ihm getätigten innergemeinschaftlichen Erwerben machen, für welche Umsatzsteuer erhoben wird. Umsatzsteuer-Voranmeldungen sind nur für die Voranmeldungszeiträume abzugeben, in denen Umsatzsteuer für innergemeinschaftliche Erwerbe erhoben wird.[70] Voranmeldungszeitraum ist grundsätzlich das Kalendervierteljahr.[71] Dies gilt auch für die Fälle, in denen der KU seine berufliche oder gewerbliche Tätigkeit neu aufgenommen hat.[72]

KU erhalten auf Antrag vom Bundeszentralamt für Steuern eine USt-IDNr., wenn sie diese für innergemeinschaftliche Erwerbe oder für innergemeinschaftliche Lieferungen benötigen.[73]

---

[70] § 18 Abs. 4a Satz 2 UStG
[71] § 18 Abs. 4a Satz 3 UStG
[72] Die Regelung des § 18 Abs. 2 Satz 4 UStG, monatliche Abgabe der Umsatzsteuer-Voranmeldung in Neugründungsfällen, findet insoweit keine Anwendung, vgl. A 230a Abs. 1 Satz 2 UStR 2005.
[73] § 27a Abs. 1 Satz 2 UStG

## 6. Aufzeichnungspflichten des KU

KU haben an Stelle der für sonstige Unternehmer gem. § 22 UStG geltenden Aufzeichnungspflichten lediglich folgendes aufzuzeichnen:

1. die Werte der erhaltenen Gegenleistungen für die von ihnen ausgeführten Lieferungen und sonstigen Leistungen[74]

2. die sonstigen Leistungen im Sinne des § 3 Abs. 9a Nr. 2 UStG.[75]

Sonstige Leistungen im Sinne des § 3 Abs. 9a Nr. 2 UStG liegen dann vor, wenn durch einen Unternehmer unentgeltliche Leistungen[76] für Zwecke erbracht werden, die außerhalb des Unternehmens liegen oder für den privaten Bedarf bestimmt sind.

Aus den Aufzeichnungen müssen des Weiteren zu ersehen sein:

3. die wegen unrichtigen Steuerausweises geschuldeten Steuerbeträge[77]

4. die Bemessungsgrundlage für den innergemeinschaftlichen Erwerb von Gegenständen sowie die hierauf entfallenden Steuerbeträge[78]

5. in den Fällen des § 13b Abs. 1 und 2 UStG beim Leistungsempfänger die Angaben entsprechend den Nummern 1 und 2 des § 22 Abs. 2 UStG

6. die Bemessungsgrundlage für Umsätze im Sinne des § 4 Nr. 4a Satz 1 Buchstabe a Satz 2 UStG[79] sowie die hierauf entfallenden Steuerbeträge.[80]

---

[74] § 65 Satz 1 Nr. 1 UStDV, A 258 Abs. 3 UStR 2005
[75] § 65 Satz 1 Nr. 2 und Satz 2 UStDV
[76] Hinsichtlich der „unentgeltlichen Wertabgaben", wird auf die Ausführungen im **Kapitel 2.3.1.1.**, Zeile 1, verwiesen.
[77] § 65 Satz 3 UStDV i.V.m. § 22 Abs. 2 Nr. 4 UStG
[78] § 65 Satz 3 UStDV i.V.m. § 22 Abs. 2 Nr. 7 UStG

## 7. Umsatzsteuererklärung und Umsatzsteuer-Voranmeldung

## 7.1. Umsatzsteuererklärung

Für das abgelaufene Kalenderjahr muss der Unternehmer eine Umsatzsteuererklärung nach amtlich vorgeschriebenen Vordruck bei dem für ihn zuständigem Finanzamt abgeben.[81] Die Umsatzsteuererklärung muss grundsätzlich bis zum 31.05. des Folgejahres abgegeben werden. Hat der Unternehmer seine gewerbliche oder berufliche Tätigkeit nur in einem Teil des Kalenderjahres ausgeübt, muss er die Umsatzsteuererklärung binnen eines Monats nach Beendigung seiner unternehmerischen Tätigkeit bei dem Finanzamt einreichen.[82]

In der Umsatzsteuererklärung muss der Unternehmer die zu entrichtende Umsatzsteuer oder den Überschuss, der sich zu seinen Gunsten ergibt, berechnen.[83] Die Umsatzsteuererklärung hat die Wirkung einer Steueranmeldung.

Ergibt sich bei der durch den Unternehmer in der Umsatzsteuererklärung vorgenommenen Berechnung, ein Unterschiedsbetrag zugunsten des Finanzamtes, so ist dieser einen Monat nach Eingang der Umsatzsteuererklärung im Finanzamt fällig. Setzt das Finanzamt die zu entrichtende Umsatzsteuer oder den Überschuss zugunsten des Unternehmers abweichend von der Umsatzsteuererklärung fest, so ist der sich ggf. ergebende Unterschiedsbetrag zugunsten des Finanzamts einen Monat nach der Bekanntgabe des Umsatzsteuerbescheides fällig.

Jeder inländische Unternehmer muss neben der Umsatzsteuererklärung grundsätzlich auch die Anlage UR bei dem Finanzamt

---

[79] Text im Anhang
[80] § 65 Satz 3 UStDV i.V.m. § 22 Abs. 2 Nr. 9 UStG
[81] § 18 Abs. 3 Satz 1 UStG
[82] § 18 Abs. 3 Satz 2 UStG i.V.m. § 16 Abs. 3 und 4 UStG
[83] § 18 Abs. 3 Satz 1 UStG

einreichen, wenn er einen der nachfolgend genannten Tatbestände verwirklicht hat:

- innergemeinschaftlicher Erwerb (§ 1a UStG),

- Leistungsempfänger als Steuerschuldner (§ 13b UStG),

- Auslagerer als Steuerschuldner (§ 13a Abs. 1 Nr. 6 UStG)

- steuerfreie Lieferungen, sonstige Leistungen und unentgeltliche Wertabgaben.

Der KU muss in der Umsatzsteuererklärung Angaben über den Umsatz des der Umsatzsteuererklärung vorangegangnen Kalenderjahres und des die Umsatzsteuererklärung betreffenden Kalenderjahres machen. Die Umsatzsteuererklärung wird über das Programm ELSTER elektronisch an das Finanzamt übermittelt werden

## 7.2. Umsatzsteuer-Voranmeldung

Unternehmen, für deren Tätigkeit Grund der beruflichen oder gewerblichen Tätigkeit keine Umsatzsteuer festzusetzen ist, z.B. bei Kleinunternehmern gem. § 19 Abs. 1 Satz 1 UStG, fallen nicht unter die Regelung des § 18 Abs. 2 Satz 4 UStG und sind somit von der Abgabe der Umsatzsteuer-Voranmeldung befreit.[84] Sie müssen lediglich eine nachträgliche Umsatzsteuererklärung einreichen.

Offen ist, welcher Voranmeldungszeitraum für den Unternehmer maßgebend ist, wenn er von der KUR zur Regelbesteuerung übergeht. Hierbei ist zwischen zwei Konstellationen zu unterscheiden:

Hat der Unternehmer hat nur im Kalenderjahr der Gründung des Unternehmens die KUR in Anspruch genommen und geht danach zur Regelbesteuerung über, greift § 18 Abs. 2 Satz 4 UStG

---

[84] A 230a Abs. 1 Satz 2 UStR 2005

ein. Der Unternehmer muss seine Umsatzsteuer-Voranmeldung monatlich abgeben.

Hat der Unternehmer im Kalenderjahr der Gründung des Unternehmens und im folgenden Kalenderjahr die KUR in Anspruch genommen und geht danach zur Regelbsteuerung über, so ist er nicht verpflichtet, seine Umsatzsteuer-Voranmeldung monatlich abzugeben, da er sich im dritten Kalenderjahr nach der Unternehmensgründung befindet. Die Vorschrift des § 18 Abs. 2 Satz 4 UStG greift demnach nicht mehr. Voranmeldungszeitraum ist vielmehr das Kalendervierteljahr.[85]

Das Finanzamt kann dem Unternehmer auf Antrag die Fristen für die Abgabe der Umsatzsteuer-Voranmeldung und für die Entrichtung der Umsatzsteuer-Vorauszahlung um einen Monat verlängern.[86] Die Fristverlängerung wird bei einem Unternehmer, der die Voranmeldungen monatlich abzugeben hat, unter der Auflage gewährt, dass dieser während der Geltungsdauer der Fristverlängerung eine Sondervorauszahlung auf die Steuer eines jeden Kalenderjahres anzumelden und zu entrichten hat. Die Sondervorauszahlung beträgt ein Elftel der Summe der Vorauszahlungen, ohne Anrechnung der geleisteten Sondervorauszahlung, für das vorangegangene Kalenderjahr.[87] Unternehmer, welche ihre Voranmeldungen vierteljährlich abgeben, müssen im Rahmen der Dauerfristverlängerung keine Sondervorauszahlung leisten.

Seit dem 01.01.2005 sind Umsatzsteuer-Voranmeldungen sowie Lohnsteuer-Voranmeldungen grundsätzlich auf elektronischen Weg nach Maßgabe der Steuerdaten-Übermittlungsverordnung[88] an das Finanzamt zu übermitteln.[89] Hierzu ist ebenfalls, wie

---

[85] § 18 Abs. 2 Satz 1 UStG
[86] § 46 Satz 1 UStDV
[87] § 47 Abs. 1 Satz 2 UStDV
[88] Steuerdaten-Übermittlungsverordnung (StDÜV) vom 28.01.2003, BStBl 2003 I S. 139
[89] § 18 Abs. 1 Satz 1 UStG; Steueränderungsgesetz 2003 vom 15.12.2003, BStBl 2003 I S. 710 und BMF-Schreiben vom 29.11.2004, BStBl 2004 I S. 1135

schon bisher, der amtlich vorgeschriebene Vordruck zu benutzen.

## 7.3. Umsatzsteuer-Nachschau

Zur Sicherstellung der gleichmäßigen Festsetzung und Erhebung der Steuer wurde die Umsatzsteuer-Nachschau gem. § 27b UStG eingeführt. Nach dieser Vorschrift können Amtsträger der Finanzbehörde ohne vorherige Ankündigung und außerhalb einer Außenprüfung[90] Grundstücke und Räume, mit Ausnahme der Wohnräume[91], von Personen, die eine gewerbliche oder berufliche Tätigkeit selbständig ausüben, während der Geschäfts- und Arbeitszeiten betreten, um Sachverhalte festzustellen, die für die Besteuerung erheblich sein können.[92] Von der Umsatzsteuer-Nachschau können demnach auch KU im Sinne des § 19 UStG betroffen sein. Die von der Umsatzsteuer-Nachschau betroffenen Personen haben gem. § 27b Abs. 2 UStG, soweit zweckdienlich, den damit betrauten Amtsträgern auf Verlangen Aufzeichnungen, Bücher, Geschäftspapiere und andere Urkunden über die der Umsatzsteuer-Nachschau unterliegenden Sachverhalte vorzulegen und Auskünfte zu erteilen.

§ 27b Abs. 3 UStG ordnet an, dass die Finanzbehörde während der Umsatzsteuer-Nachschau zu einer Außenprüfung[93] übergehen darf, ohne dass es hierzu einer vorherigen Prüfungsanordnung[94] bedarf. Es muss lediglich schriftlich auf den Übergang zur Außenprüfung hingewiesen werden.[95]

Gem. § 27b Abs. 4 UStG bleibt die Nachschau grundsätzlich auf die Umsatzsteuer beschränkt, jedoch können Auswertungen und

---

[90] z.B. Betriebsprüfung
[91] § 27b Abs. 1 Satz 2 UStG
[92] § 27b Abs. 1 Satz 1 UStG
[93] § 193 AO
[94] § 196 AO
[95] § 27b Abs. 3 Satz 2 UStG, A 282b Abs. 9 UStR 2005

Feststellungen, die zu anderen Steuerarten getroffen werden, ohne Verbot verwertet werden.

## 8.   Einnahme-Überschuss-Rechnung

Für Freiberufler, Kleingewerbetreibende, Existenzgründer und damit auch für KU ist die Einnahme-Überschuss-Rechnung die einfachste Form der Gewinnermittlung.

Bei der Einnahme-Überschuss-Rechnung, welche im § 4 Abs. 3 EStG gesetzlich geregelt ist, handelt es sich um ein vereinfachtes Gewinnermittlungsverfahren, bei dem die Betriebseinnahmen den Betriebsausgaben gegenübergestellt werden.

Im Rahmen der Einnahme-Überschuss-Rechnung wird auf eine Inventur verzichtet. Im Prinzip handelt es sich um eine einfache Geldrechnung, nach dem Zufluss- und Abflussprinzip. Von den im Wirtschaftsjahr tatsächlich geflossenen Betriebseinnahmen, einschließlich Umsatzsteuer, werden die im Wirtschaftsjahr tatsächliche geflossene Betriebsausgaben, einschließlich Vorsteuer, abgezogen. Nicht die Rechnungsstellung sondern der Geldzufluss ist für die Zuordnung der Betriebseinnahmen entscheidend. Die Differenz zwischen den Betriebseinnahmen und -ausgaben ergibt den Gewinn bzw. Verlust.

Gem. § 60 Abs. 4 EStDV ist der Steuererklärung eine Gewinnermittlung nach amtlich vorgeschriebenem Vordruck, der Anlage EÜR, beizufügen wenn der Gewinn durch eine Einnahmen-Überschuss-Rechnung nach § 4 Abs. 3 EStG ermittelt wird. Für jeden Betrieb ist eine separate Einnahmen-Überschuss-Rechnung abzugeben. Mit Schreiben vom 10.02.2005 hat das BMF festgelegt, dass umsatzsteuerliche KU, deren Betriebseinnahmen unter der Grenze von 17.500 € im Jahr liegen, an Stelle des Vordrucks „Anlage EÜR" auch eine formlose Gewinnermittlung verwenden können. Hierbei ist jedoch zu beachten, dass bei der Prüfung der vorgenannten 17.500 €-Grenze die gesamten Betriebseinnahmen einzubeziehen sind. Die genannte Grenze entspricht demnach nicht der im § 19 Abs. 1 UStG geregelten Umsatzgrenze, da bei der Ermittlung des Umsatzes gem. § 19 Abs. 1 UStG bestimmte steuerfreie Umsätze abzuziehen sind.

# 9. Aufzeichnungspflichten

Das Einkommensteuergesetz enthält keine ausdrückliche allgemeine Aufzeichnungspflicht für Betriebseinnahmen und Betriebsausgaben. Das bedeutet jedoch nicht, dass der Steuerpflichtige ohne Belege und Aufzeichnungen auskommt. Ihm obliegt es, dem Finanzamt auf Anforderung die erklärten Betriebseinnahmen zu erläutern und vor allem den Anfall, die Höhe und die betriebliche Veranlassung der einzelnen, als Betriebsausgaben geltend gemachten Aufwendung darzulegen und ggf. glaubhaft zu machen. Dafür genügt eine geordnete Ablage von Belegen oder die Speicherung auf Datenträgern.[96]

Sehr sinnvoll ist in der Praxis auch die Nutzung von so genannten Buchhaltungsprogrammen.[97] Diese Programme erleichtern die Buchhaltung in vielen Fällen außerordentlich.

Durch die Vorlage einer ungeordneten Belegsammlung beim Finanzamt kommt der Steuerpflichtige seinen Mitwirkungspflichten[98] nicht nach, so dass er sich bei einer durch das Finanzamt erfolgten Schätzung[99], nicht auf die Ermittlungspflicht des Finanzamts[100] berufen kann.

Lässt sich nicht aufklären, ob Betriebseinnahmen oder Betriebsausgaben angefallen sind, trägt die objektive Beweislast derjenige, der sich zu seinen Gunsten darauf beruft, also das Finanzamt für Betriebseinnahmen und der Steuerpflichtige für Betriebsausgaben.[101]

Das Fehlen oder unvollständige Aufzeichnungen können zu einer Schätzung der Betriebseinnahmen führen.[102] Betriebsausgaben können allenfalls der Höhe nach geschätzt werden, soweit

---

[96] § 146 Abs. 5 AO
[97] z.B. www.lexware.de
[98] § 90 AO
[99] § 162 AO
[100] § 88 AO
[101] BFH-Urteil vom 21.06.1976 – IV R 101/75, BStBl 1976 II S. 562
[102] § 162 AO; BFH-Urteil vom 02.03.1982 – VIII R 225/80, BStBl 1984 II S. 504

die Zahlung und die betriebliche Veranlassung glaubhaft sind.[103]

---

[103] BFH-Urteil vom 17.07.1980 – IV R 140/77, BStBl 1981 II S. 14; BFH-Urteil vom 07.04.1992 – VI R 113/88, BStBl 1992 II S. 854

# 10. ELSTER

ELSTER bietet allen Arbeitnehmern, Unternehmern und Arbeit-
gebern die Möglichkeit, verschiedene Steuererklärungen elektronisch per Internet an das Finanzamt zu übermitteln. Dazu
kann die Software „ElsterFormular", das kostenlose Steuerpro-
gramm der deutschen Finanzverwaltung, oder aber jedes andere
Software-Produkt verwendet werden, in das die ELSTER-
Software integriert ist.[104] Rechtliche Grundlage für die elektronische Datenübermittlung per ELSTER ist die Steuerdaten-
Übermittlungsverordnung (StDÜV) vom 28.01.2003.

Die Software „ElsterFormular" der Finanzverwaltung unter-
stützt neben der Einkommensteuererklärung auch die Umsatz-
und Gewerbesteuererklärung sowie die Umsatzsteuer-
Voranmeldung und die Lohnsteuer-Anmeldung.

Neben der bevorzugten Bearbeitung bei der Einkommensteuererklärung bietet die elektronische Steuererklärung weitere Vor-
teile gegenüber der "Papiererklärung":

- Bei der elektronischen Abgabe der Umsatzsteuer-
  Voranmeldung ist eine Übermittlung der Erklärung auf
  Papier nicht mehr notwendig.

- Bereits zum Übermittlungszeitpunkt werden die Daten
  auf formale Richtigkeit geprüft.

- Auf Grund der bereits erfassten Daten verringert sich
  i.d.R. die Bearbeitungszeit, d.h. der Steuerbescheid ergeht
  schneller.

Zur elektronischen Übertragung der Steuererklärung muss zu-
nächst mit Hilfe eines Programms, z.B. „ElsterFormular", die
Steuererklärung ausgefüllt werden. Anschließend wird diese
elektronisch über den entsprechenden Button oder Menüeintrag
in der Software an die Finanzbehörde übertragen. Bei der Um-

---

[104] www.elsterformular.de

33

satzsteuer-Voranmeldung wird nach erfolgreicher Übertragung das so genannte Übertragungsprotokoll gedruckt, das als Nachweis der elektronischen Abgabe für die Unterlagen des Steuerpflichtigen bestimmt ist. Bei der Umsatzsteuererklärung, Gewerbesteuererklärung, Einkommensteuererklärung wird nach der elektronischen Übermittlung die so genannte komprimierte Steuererklärung gedruckt. Diese muss vom Steuerpflichtigen unterschrieben und zusammen mit den erforderlichen Belegen an das zuständige Finanzamt geschickt werden.

## 11.  Die KUR im Erbfall

Wird der Erbe des KU mit der Fortführung des geerbten Unternehmens erstmals unternehmerisch tätig, so ist für diesen gesondert zu prüfen, ob er die Voraussetzungen für die Anwendung der KUR erfüllt.[105] Dabei ist der Erbe so zu behandeln, als hätte er das Unternehmen im Zeitpunkt der Gesamtrechtsnachfolge neu gegründet. Bei der Prüfung der Umsatzgrenze sind also die Umsätze des Rechtsvorgängers nicht mit einzubeziehen. Der Erbe muss lediglich im Zeitpunkt der Gesamtrechtsnachfolge abschätzen, ob der durch ihn voraussichtlich bis zum 31.12. des jeweiligen Kalenderjahres zu erzielende Umsatz die Grenze von 17.500 € überschreiten wird.

Im Rahmen der Schätzung kommt dem durch den Erblasser erzielten Umsatz bei der Bestimmung des voraussichtlichen Umsatzes des Erben eine beträchtliche Indizfunktion zu. Soweit keine augenscheinlichen Gründe dafür sprechen, dass der Erbe nicht in etwa die gleichen Umsätze erzielen wird wie der Rechtsvorgänger, z.B., weil der Rechtsvorgänger spezielle handwerkliche Fertigen besaß, wird sich der Erbe bei der überschlägigen Ermittlung des voraussichtlich Umsatzes an den Umsätzen seines Rechtsvorgängers orientieren müssen.

Ist der Erbe im Erbfall hingegen bereits selber unternehmerisch tätig, so wird das geerbte Unternehmen Teil seines bisherigen Unternehmens.[106]

Geht ein Unternehmen im Wege der Erbfolge auf einen Unternehmer über, ist zu berücksichtigen, dass dieser Unternehmer keinen Einfluss auf den Zeitpunkt der Änderung seiner Unternehmerverhältnisse hatte. Zur Vermeidung einer unbilligen Härte kann der Erbe daher in diesen Fällen die Besteuerung für das laufende Kalenderjahr so fortführen, wie sie für den jeweiligen Teil des Unternehmens ohne Berücksichtigung der nunmehr bestehenden Gesamtumsatzverhältnisse anzuwen-

---

[105] BFH-Urteil vom 10.04.1997 - V R 35/96, BFH/NV 1997, 908
[106] § 2 Abs. 1 Satz 2 UStG, A 20 Abs. 1 Satz 1 UStR 2005

den wäre.

## 12.    Anlage: Umsatzsteuergesetz 2005 i.d.F. von 2009

Umsatzsteuergesetz 2005

(UStG 2005)

in der Fassung vom 21.02.2005

(BGBl. 2005 I S. 386, BStBl 2005 I S. 505)

**geändert durch:**

- Gesetz zur Neuorganisation der Bundesfinanzverwaltung und zur Schaffung eines
  Refinanzierungsregisters vom 22.09.2005
  (BGBl. 2005 I S. 2809)
- Gesetz zur steuerlichen Förderung von Wachstum und Beschäftigung vom 26.04.2006 (BGBl. 2006 I
  S. 1091, BStBl 2006 I S. 350)
- Gesetz zur Eindämmung missbräuchlicher Steuergestaltungen vom 28.04.2006
  (BGBl. 2006 I S. 1095, BStBl 2006 I S. 353)
- Haushaltsbegleitgesetz 2006 (HBeglG 2006) vom 29.06.2006
  (BGBl. 2006 I S. 1402, BStBl 2006 I S. 410)
- Erstes Gesetz zum Abbau bürokratischer Hemmnisse insbesondere in der mittelständischen Wirtschaft
  vom 22.08.2006
  (BGBl. 2006 I S. 1970, BStBl 2006 I S. 486 -Auszug-)
- Jahressteuergesetz 2007 (JStG 2007) vom 13.12.2006
  (BGBl. 2006 I S. 2878, BStBl 2007 I S. 28)
- Zweites Gesetz zum Abbau bürokratischer Hemmnisse insbesondere in der mittelständischen
  Wirtschaft vom 07.09.2007
  (BGBl. 2007 I S. 2246)
- Gesetz zur weiteren Stärkung des bürgerschaftlichen Engagements vom 10.10.2007
  (BGBl. 2007 I S. 2332, BStBl 2007 I S. 815)
- Jahressteuergesetz 2008 (JStG 2008) vom 20.12.2007
  (BGBl. 2007 I S. 3150)

## Inhaltsübersicht

### I.  Steuergegenstand und Geltungsbereich

### II.  Steuerbefreiungen und Steuervergütungen

# Erster Abschnitt

## Steuergegenstand und Geltungsbereich

### § 1

### Steuerbare Umsätze

(1) Der Umsatzsteuer unterliegen die folgenden Umsätze:

1. die Lieferungen und sonstigen Leistungen, die ein Unternehmer im Inland gegen Entgelt im Rahmen seines Unternehmens ausführt. Die Steuerbarkeit entfällt nicht, wenn der Umsatz auf Grund gesetzlicher oder behördlicher Anordnung ausgeführt wird oder nach gesetzlicher Vorschrift als ausgeführt gilt;

2. (weggefallen)

3. (weggefallen)

4. die Einfuhr von Gegenständen im Inland oder in den österreichischen Gebieten Jungholz und Mittelberg (Einfuhrumsatzsteuer);

5. der innergemeinschaftliche Erwerb im Inland gegen Entgelt.

(1a) Die Umsätze im Rahmen einer Geschäftsveräußerung an einen anderen Unternehmer für dessen Unternehmen unterliegen nicht der Umsatzsteuer. Eine Geschäftsveräußerung liegt vor, wenn ein Unternehmen oder ein in der Gliederung eines Unternehmens gesondert geführter Betrieb im Ganzen entgeltlich oder unentgeltlich übereignet oder in eine Gesellschaft eingebracht wird. Der erwerbende Unternehmer tritt an die Stelle des Veräußerers.

(2) Inland im Sinne dieses Gesetzes ist das Gebiet der Bundesrepublik Deutschland mit Ausnahme des Gebiets von Büsingen, der Insel Helgoland, der Freizonen des Kontrolltyps I nach § 1 Abs. 1 Satz 1 des Zollverwaltungsgesetzes (Freihäfen), der Gewässer und Watten zwischen der Hoheitsgrenze und der jeweiligen Strandlinie sowie der deutschen Schiffe und der deutschen Luftfahrzeuge in Gebieten, die zu keinem Zollgebiet gehören. Ausland im Sinne dieses Gesetzes ist das Gebiet, das danach nicht Inland ist. Wird ein Umsatz im Inland ausgeführt, so kommt es für die Besteuerung nicht darauf an, ob der Unternehmer

deutscher Staatsangehöriger ist, seinen Wohnsitz oder Sitz im Inland hat, im Inland eine Betriebsstätte unterhält, die Rechnung erteilt oder die Zahlung empfängt.

(2a) Das Gemeinschaftsgebiet im Sinne dieses Gesetzes umfasst das Inland im Sinne des Absatzes 2 Satz 1 und die Gebiete der übrigen Mitgliedstaaten der Europäischen Gemeinschaft, die nach dem Gemeinschaftsrecht als Inland dieser Mitgliedstaaten gelten (übriges Gemeinschaftsgebiet). Das Fürstentum Monaco gilt als Gebiet der Französischen Republik; die Insel Man gilt als Gebiet des Vereinigten Königreichs Großbritannien und Nordirland. Drittlandsgebiet im Sinne dieses Gesetzes ist das Gebiet, das nicht Gemeinschaftsgebiet ist.

(3) Folgende Umsätze, die in den Freihäfen und in den Gewässern und Watten zwischen der Hoheitsgrenze und der jeweiligen Strandlinie bewirkt werden, sind wie Umsätze im Inland zu behandeln:

1. die Lieferungen und die innergemeinschaftlichen Erwerbe von Gegenständen, die zum Gebrauch oder Verbrauch in den bezeichneten Gebieten oder zur Ausrüstung oder Versorgung eines Beförderungsmittels bestimmt sind, wenn die Gegenstände
   a) nicht für das Unternehmen des Abnehmers erworben werden, oder
   b) vom Abnehmer ausschließlich oder zum Teil für eine nach § 4 Nr. 8 bis 27 steuerfreie Tätigkeit verwendet werden;

2. die sonstigen Leistungen, die
   a) nicht für das Unternehmen des Leistungsempfängers ausgeführt werden, oder
   b) vom Leistungsempfänger ausschließlich oder zum Teil für eine nach § 4 Nr. 8 bis 27 steuerfreie Tätigkeit verwendet werden;

3. die Lieferungen im Sinne des § 3 Abs. 1b und die sonstigen Leistungen im Sinne des § 3 Abs. 9a;

4. die Lieferungen von Gegenständen, die sich im Zeitpunkt der Lieferung
   a) in einem zollamtlich bewilligten Freihafen-Veredelungsverkehr oder in einer zollamtlich besonders zugelassenen Freihafenlagerung oder
   b) einfuhrumsatzsteuerrechtlich im freien Verkehr befinden;

5. die sonstigen Leistungen, die im Rahmen eines Veredelungsverkehrs oder einer Lagerung im Sinne der Nummer 4 Buchstabe a ausgeführt werden;

6. (aufgehoben)

7.  der innergemeinschaftliche Erwerb eines neuen Fahrzeugs durch die in § 1a Abs. 3 und § 1b Abs. 1 genannten Erwerber.

Lieferungen und sonstige Leistungen an juristische Personen des öffentlichen Rechts sowie deren innergemeinschaftlicher Erwerb in den bezeichneten Gebieten sind als Umsätze im Sinne der Nummern 1 und 2 anzusehen, soweit der Unternehmer nicht anhand von Aufzeichnungen und Belegen das Gegenteil glaubhaft macht.

## § 1a

### Innergemeinschaftlicher Erwerb

(1) Ein innergemeinschaftlicher Erwerb gegen Entgelt liegt vor, wenn die folgenden Voraussetzungen erfüllt sind:

1.  Ein Gegenstand gelangt bei einer Lieferung an den Abnehmer (Erwerber) aus dem Gebiet eines Mitgliedstaates in das Gebiet eines anderen Mitgliedstaates oder aus dem übrigen Gemeinschaftsgebiet in die in § 1 Abs. 3 bezeichneten Gebiete, auch wenn der Lieferer den Gegenstand in das Gemeinschaftsgebiet eingeführt hat,

2.  der Erwerber ist

    a)  ein Unternehmer, der den Gegenstand für sein Unternehmen erwirbt, oder

    b)  eine juristische Person, die nicht Unternehmer ist oder die den Gegenstand nicht für ihr Unternehmen erwirbt,
    und

3.  die Lieferung an den Erwerber

    a)  wird durch einen Unternehmer gegen Entgelt im Rahmen seines Unternehmens ausgeführt und

    b)  ist nach dem Recht des Mitgliedstaates, der für die Besteuerung des Lieferers zuständig ist, nicht auf Grund der Sonderregelung für Kleinunternehmer steuerfrei.

(2) Als innergemeinschaftlicher Erwerb gegen Entgelt gilt das Verbringen eines Gegenstands des Unternehmens aus dem übrigen Gemeinschaftsgebiet in das Inland durch einen Unternehmer zu seiner

Verfügung, ausgenommen zu einer nur vorübergehenden Verwendung, auch wenn der Unternehmer den Gegenstand in das Gemeinschaftsgebiet eingeführt hat. Der Unternehmer gilt als Erwerber.

(3) Ein innergemeinschaftlicher Erwerb im Sinne der Absätze 1 und 2 liegt nicht vor, wenn die folgenden Voraussetzungen erfüllt sind:

1.    Der Erwerber ist

   a)    ein Unternehmer, der nur steuerfreie Umsätze ausführt, die zum Ausschluss vom Vorsteuerabzug führen,

   b)    ein Unternehmer, für dessen Umsätze Umsatzsteuer nach § 19 Abs. 1 nicht erhoben wird,

   c)    ein Unternehmer, der den Gegenstand zur Ausführung von Umsätzen verwendet, für die die Steuer nach den Durchschnittssätzen des § 24 festgesetzt ist, oder

   d)    eine juristische Person, die nicht Unternehmer ist oder die den Gegenstand nicht für ihr Unternehmen erwirbt,

   und

2.    der Gesamtbetrag der Entgelte für Erwerbe im Sinne des Absatzes 1 Nr. 1 und des Absatzes 2 hat den Betrag von 12 500 Euro im vorangegangenen Kalenderjahr nicht überstiegen und wird diesen Betrag im laufenden Kalenderjahr voraussichtlich nicht übersteigen (Erwerbsschwelle).

(4) Der Erwerber kann auf die Anwendung des Absatzes 3 verzichten. Der Verzicht ist gegenüber dem Finanzamt zu erklären und bindet den Erwerber mindestens für zwei Kalenderjahre.

(5) Absatz 3 gilt nicht für den Erwerb neuer Fahrzeuge und verbrauchsteuerpflichtiger Waren. Verbrauchsteuerpflichtige Waren im Sinne dieses Gesetzes sind Mineralöle, Alkohol und alkoholische Getränke sowie Tabakwaren.


### § 1b

### Innergemeinschaftlicher Erwerb neuer Fahrzeuge

(1) Der Erwerb eines neuen Fahrzeugs durch einen Erwerber, der nicht zu den in § 1a Abs. 1 Nr. 2 genannten Personen gehört, ist unter den Voraussetzungen des § 1a Abs. 1 Nr. 1 innergemeinschaftlicher Erwerb.

(2) Fahrzeuge im Sinne dieses Gesetzes sind

1.  motorbetriebene Landfahrzeuge mit einem Hubraum von mehr als 48 Kubikzentimetern oder einer Leistung von mehr als 7,2 Kilowatt;

2.  Wasserfahrzeuge mit einer Länge von mehr als 7,5 Metern;

3.  Luftfahrzeuge, deren Starthöchstmasse mehr als 1 550 Kilogramm beträgt.

Satz 1 gilt nicht für die in § 4 Nr. 12 Satz 2 und Nr. 17 Buchstabe b bezeichneten Fahrzeuge.

(3) Ein Fahrzeug gilt als neu, wenn das

1.  Landfahrzeug nicht mehr als 6 000 Kilometer zurückgelegt hat oder wenn seine erste Inbetriebnahme im Zeitpunkt des Erwerbs nicht mehr als sechs Monate zurückliegt;

2.  Wasserfahrzeug nicht mehr als 100 Betriebsstunden auf dem Wasser zurückgelegt hat oder wenn seine erste Inbetriebnahme im Zeitpunkt des Erwerbs nicht mehr als drei Monate zurückliegt;

3.  Luftfahrzeug nicht länger als 40 Betriebsstunden genutzt worden ist oder wenn seine erste Inbetriebnahme im Zeitpunkt des Erwerbs nicht mehr als drei Monate zurückliegt.

## § 1c

### Innergemeinschaftlicher Erwerb durch diplomatische Missionen, zwischenstaatliche Einrichtungen und Streitkräfte der Vertragsparteien des Nordatlantikvertrags

(1) Ein innergemeinschaftlicher Erwerb im Sinne des § 1a liegt nicht vor, wenn ein Gegenstand bei einer Lieferung aus dem Gebiet eines anderen Mitgliedstaates in das Inland gelangt und die Erwerber folgende Einrichtungen sind, soweit sie nicht Unternehmer sind oder den Gegenstand nicht für ihr Unternehmen erwerben:

1.  im Inland ansässige ständige diplomatische Missionen und berufskonsularische Vertretungen,

2.  im Inland ansässige zwischenstaatliche Einrichtungen oder

3.  im Inland stationierte Streitkräfte anderer Vertragsparteien des Nordatlantikvertrags.

Diese Einrichtungen gelten nicht als Erwerber im Sinne des § 1a Abs. 1 Nr. 2. § 1b bleibt unberührt.

(2) Als innergemeinschaftlicher Erwerb gegen Entgelt im Sinne des § 1a Abs. 2 gilt das Verbringen eines Gegenstands durch die deutschen Streitkräfte aus dem übrigen Gemeinschaftsgebiet in das Inland für den Gebrauch oder Verbrauch dieser Streitkräfte oder ihres zivilen Begleitpersonals, wenn die Lieferung des Gegenstands an die deutschen Streitkräfte im übrigen Gemeinschaftsgebiet oder die Einfuhr durch diese Streitkräfte nicht der Besteuerung unterlegen hat.

# § 2

## Unternehmer, Unternehmen

(1) Unternehmer ist, wer eine gewerbliche oder berufliche Tätigkeit selbständig ausübt. Das Unternehmen umfasst die gesamte gewerbliche oder berufliche Tätigkeit des Unternehmers. Gewerblich oder beruflich ist jede nachhaltige Tätigkeit zur Erzielung von Einnahmen, auch wenn die Absicht, Gewinn zu erzielen, fehlt oder eine Personenvereinigung nur gegenüber ihren Mitgliedern tätig wird.

(2) Die gewerbliche oder berufliche Tätigkeit wird nicht selbständig ausgeübt,

1.  soweit natürliche Personen, einzeln oder zusammengeschlossen, einem Unternehmen so eingegliedert sind, dass sie den Weisungen des Unternehmers zu folgen verpflichtet sind;

2.  wenn eine juristische Person nach dem Gesamtbild der tatsächlichen Verhältnisse finanziell, wirtschaftlich und organisatorisch in das Unternehmen des Organträgers eingegliedert ist (Organschaft). Die Wirkungen der Organschaft sind auf Innenleistungen zwischen den im Inland gelegenen Unternehmensteilen beschränkt. Diese Unternehmensteile sind als ein Unternehmen zu behandeln. Hat der Organträger seine Geschäftsleitung im Ausland, gilt der wirtschaftlich bedeutendste Unternehmensteil im Inland als der Unternehmer.

(3) Die juristischen Personen des öffentlichen Rechts sind nur im Rahmen ihrer Betriebe gewerblicher Art (§ 1 Abs. 1 Nr. 6, § 4 des Körperschaftsteuergesetzes) und ihrer land- oder forstwirtschaftlichen Betriebe gewerblich oder beruflich tätig. Auch wenn die Voraussetzungen des Satzes 1 nicht gegeben sind, gelten als gewerbliche oder berufliche Tätigkeit im Sinne dieses Gesetzes

1.  (weggefallen)

2.  die Tätigkeit der Notare im Landesdienst und der Ratschreiber im Land Baden-Württemberg, soweit Leistungen ausgeführt werden, für die nach der Bundesnotarordnung die Notare zuständig sind;

3.  die Abgabe von Brillen und Brillenteilen einschließlich der Reparaturarbeiten durch Selbstabgabestellen der gesetzlichen Träger der Sozialversicherung;

4.  die Leistungen der Vermessungs- und Katasterbehörden bei der Wahrnehmung von Aufgaben der Landesvermessung und des Liegenschaftskatasters mit Ausnahme der Amtshilfe;

5.  die Tätigkeit der Bundesanstalt für Landwirtschaft und Ernährung, soweit Aufgaben der Marktordnung, der Vorratshaltung und der Nahrungsmittelhilfe wahrgenommen werden.

## § 2a

### Fahrzeuglieferer

Wer im Inland ein neues Fahrzeug liefert, das bei der Lieferung in das übrige Gemeinschaftsgebiet gelangt, wird, wenn er nicht Unternehmer im Sinne des § 2 ist, für diese Lieferung wie ein Unternehmer behandelt. Dasselbe gilt, wenn der Lieferer eines neuen Fahrzeugs Unternehmer im Sinne des § 2 ist und die Lieferung nicht im Rahmen des Unternehmens ausführt.

## § 3

### Lieferung, sonstige Leistung

(1) Lieferungen eines Unternehmers sind Leistungen, durch die er oder in seinem Auftrag ein Dritter den Abnehmer oder in dessen Auftrag einen Dritten befähigt, im eigenen Namen über einen Gegenstand zu verfügen (Verschaffung der Verfügungsmacht).

(1a) Als Lieferung gegen Entgelt gilt das Verbringen eines Gegenstands des Unternehmens aus dem Inland in das übrige Gemeinschaftsgebiet durch einen Unternehmer zu seiner Verfügung, ausgenommen zu einer nur vorübergehenden Verwendung, auch wenn der Unternehmer den Gegenstand in das Inland eingeführt hat. Der Unternehmer gilt als Lieferer.

(1b) Einer Lieferung gegen Entgelt werden gleichgestellt

1.  die Entnahme eines Gegenstands durch einen Unternehmer aus seinem Unternehmen für Zwecke, die außerhalb des Unternehmens liegen;

2. die unentgeltliche Zuwendung eines Gegenstands durch einen Unternehmer an sein Personal für dessen privaten Bedarf, sofern keine Aufmerksamkeiten vorliegen;

3. jede andere unentgeltliche Zuwendung eines Gegenstands, ausgenommen Geschenke von geringem Wert und Warenmuster für Zwecke des Unternehmens.

Voraussetzung ist, dass der Gegenstand oder seine Bestandteile zum vollen oder teilweisen Vorsteuerabzug berechtigt haben.

(2) (weggefallen)

(3) Beim Kommissionsgeschäft (§ 383 des Handelsgesetzbuchs) liegt zwischen dem Kommittenten und dem Kommissionär eine Lieferung vor. Bei der Verkaufskommission gilt der Kommissionär, bei der Einkaufskommission der Kommittent als Abnehmer.

(4) Hat der Unternehmer die Bearbeitung oder Verarbeitung eines Gegenstands übernommen und verwendet er hierbei Stoffe, die er selbst beschafft, so ist die Leistung als Lieferung anzusehen (Werklieferung), wenn es sich bei den Stoffen nicht nur um Zutaten oder sonstige Nebensachen handelt. Das gilt auch dann, wenn die Gegenstände mit dem Grund und Boden fest verbunden werden.

(5) Hat ein Abnehmer dem Lieferer die Nebenerzeugnisse oder Abfälle, die bei der Bearbeitung oder Verarbeitung des ihm übergebenen Gegenstands entstehen, zurückzugeben, so beschränkt sich die Lieferung auf den Gehalt des Gegenstands an den Bestandteilen, die dem Abnehmer verbleiben. Das gilt auch dann, wenn der Abnehmer an Stelle der bei der Bearbeitung oder Verarbeitung entstehenden Nebenerzeugnisse oder Abfälle Gegenstände gleicher Art zurückgibt, wie sie in seinem Unternehmen regelmäßig anfallen.

(5a) Der Ort der Lieferung richtet sich vorbehaltlich der §§ 3c, 3e, 3f und 3g nach den Absätzen 6 bis 8.

(6) Wird der Gegenstand der Lieferung durch den Lieferer, den Abnehmer oder einen vom Lieferer oder vom Abnehmer beauftragten Dritten befördert oder versendet, gilt die Lieferung dort als ausgeführt, wo die Beförderung oder Versendung an den Abnehmer oder in dessen Auftrag an einen Dritten beginnt. Befördern ist jede Fortbewegung eines Gegenstands. Versenden liegt vor, wenn jemand die Beförderung durch einen selbständigen Beauftragten ausführen oder besorgen lässt. Die Versendung beginnt mit der Übergabe des Gegenstands an den Beauftragten. Schließen mehrere Unternehmer über denselben Gegenstand Umsatzgeschäfte ab und gelangt dieser Gegenstand bei der Beförderung oder Versendung unmittelbar vom ersten Unternehmer an den letzten Abnehmer, ist die Beförderung oder Versendung des Gegenstands nur einer der Lieferungen zuzuordnen. Wird der Gegenstand der Lieferung dabei durch einen Abnehmer befördert oder versendet, der zugleich Lieferer ist, ist die Beförderung oder Versendung der Lieferung an ihn zuzuordnen, es sei denn, er weist nach, dass er den Gegenstand als Lieferer befördert oder versendet hat.

(7) Wird der Gegenstand der Lieferung nicht befördert oder versendet, wird die Lieferung dort ausgeführt, wo sich der Gegenstand zur Zeit der Verschaffung der Verfügungsmacht befindet. In den Fällen des Absatzes 6 Satz 5 gilt Folgendes:

1. Lieferungen, die der Beförderungs- oder Versendungslieferung vorangehen, gelten dort als ausgeführt, wo die Beförderung oder Versendung des Gegenstands beginnt.

2. Lieferungen, die der Beförderungs- oder Versendungslieferung folgen, gelten dort als ausgeführt, wo die Beförderung oder Versendung des Gegenstands endet.

(8) Gelangt der Gegenstand der Lieferung bei der Beförderung oder Versendung aus dem Drittlandsgebiet in das Inland, gilt der Ort der Lieferung dieses Gegenstands als im Inland gelegen, wenn der Lieferer oder sein Beauftragter Schuldner der Einfuhrumsatzsteuer ist.

(8a) (weggefallen)

(9) Sonstige Leistungen sind Leistungen, die keine Lieferungen sind. Sie können auch in einem Unterlassen oder im Dulden einer Handlung oder eines Zustands bestehen. In den Fällen der §§ 27 und 54 des Urheberrechtsgesetzes führen die Verwertungsgesellschaften und die Urheber sonstige Leistungen aus.

(9a) Einer sonstigen Leistung gegen Entgelt werden gleichgestellt

1. die Verwendung eines dem Unternehmen zugeordneten Gegenstands, der zum vollen oder teilweisen Vorsteuerabzug berechtigt hat, durch einen Unternehmer für Zwecke, die außerhalb des Unternehmens liegen, oder für den privaten Bedarf seines Personals, sofern keine Aufmerksamkeiten vorliegen;

2. die unentgeltliche Erbringung einer anderen sonstigen Leistung durch den Unternehmer für Zwecke, die außerhalb des Unternehmens liegen, oder für den privaten Bedarf seines Personals, sofern keine Aufmerksamkeiten vorliegen.

(10) Überlässt ein Unternehmer einem Auftraggeber, der ihm einen Stoff zur Herstellung eines Gegenstands übergeben hat, an Stelle des herzustellenden Gegenstands einen gleichartigen Gegenstand, wie er ihn in seinem Unternehmen aus solchem Stoff herzustellen pflegt, so gilt die Leistung des Unternehmers als Werkleistung, wenn das Entgelt für die Leistung nach Art eines Werklohns unabhängig vom Unterschied zwischen dem Marktpreis des empfangenen Stoffs und dem des überlassenen Gegenstands berechnet wird.

(11) Wird ein Unternehmer in die Erbringung einer sonstigen Leistung eingeschaltet und handelt er dabei im eigenen Namen, jedoch für fremde Rechnung, gilt diese Leistung als an ihn und von ihm erbracht.

(12) Ein Tausch liegt vor, wenn das Entgelt für eine Lieferung in einer Lieferung besteht. Ein tauschähnlicher Umsatz liegt vor, wenn das Entgelt für eine sonstige Leistung in einer Lieferung oder sonstigen Leistung besteht.

**gilt bis zum 31. Dezember 2009**

**§ 3a**

**Ort der sonstigen Leistung**

(1) Eine sonstige Leistung wird vorbehaltlich der §§ 3b und 3f an dem Ort ausgeführt, von dem aus der Unternehmer sein Unternehmen betreibt. Wird die sonstige Leistung von einer Betriebsstätte ausgeführt, so gilt die Betriebsstätte als der Ort der sonstigen Leistung.

(2) Abweichend von Absatz 1 gilt:

1. Eine sonstige Leistung im Zusammenhang mit einem Grundstück wird dort ausgeführt, wo das Grundstück liegt. Als sonstige Leistungen im Zusammenhang mit einem Grundstück sind insbesondere anzusehen:

    a) sonstige Leistungen der in § 4 Nr. 12 bezeichneten Art,

    b) sonstige Leistungen im Zusammenhang mit der Veräußerung oder dem Erwerb von Grundstücken,

    c) sonstige Leistungen, die der Erschließung von Grundstücken oder der Vorbereitung oder der Ausführung von Bauleistungen dienen.

2. (weggefallen)

3. Die folgenden sonstigen Leistungen werden dort ausgeführt, wo der Unternehmer jeweils ausschließlich oder zum wesentlichen Teil tätig wird:

    a) kulturelle, künstlerische, wissenschaftliche, unterrichtende, sportliche, unterhaltende oder ähnliche Leistungen einschließlich der Leistungen der jeweiligen Veranstalter sowie die damit zusammenhängenden Tätigkeiten, die für die Ausübung der Leistungen unerlässlich sind,

b)   (weggefallen)

c)   Arbeiten an beweglichen körperlichen Gegenständen und die Begutachtung dieser Gegenstände. Verwendet der Leistungsempfänger gegenüber dem leistenden Unternehmer eine ihm von einem anderen Mitgliedstaat erteilte Umsatzsteuer-Identifikationsnummer, gilt die unter dieser Nummer in Anspruch genommene Leistung als in dem Gebiet des anderen Mitgliedstaates ausgeführt. Das gilt nicht, wenn der Gegenstand im Anschluss an die Leistung in dem Mitgliedstaat verbleibt, in dem der leistende Unternehmer jeweils ausschließlich oder zum wesentlichen Teil tätig geworden ist.

4.   Eine Vermittlungsleistung wird an dem Ort erbracht, an dem der vermittelte Umsatz ausgeführt wird. Verwendet der Leistungsempfänger gegenüber dem Vermittler eine ihm von einem anderen Mitgliedstaat erteilte Umsatzsteuer-Identifikationsnummer, so gilt die unter dieser Nummer in Anspruch genommene Vermittlungsleistung als in dem Gebiet des anderen Mitgliedstaates ausgeführt. Diese Regelungen gelten nicht für die in Absatz 4 Nr. 10 und in § 3b Abs. 5 und 6 bezeichneten Vermittlungsleistungen.

(3) Ist der Empfänger einer der in Absatz 4 bezeichneten sonstigen Leistungen ein Unternehmer, so wird die sonstige Leistung abweichend von Absatz 1 dort ausgeführt, wo der Empfänger sein Unternehmen betreibt. Wird die sonstige Leistung an die Betriebsstätte eines Unternehmers ausgeführt, so ist stattdessen der Ort der Betriebsstätte maßgebend. Ist der Empfänger einer der in Absatz 4 bezeichneten sonstigen Leistungen kein Unternehmer und hat er seinen Wohnsitz oder Sitz im Drittlandsgebiet, wird die sonstige Leistung an seinem Wohnsitz oder Sitz ausgeführt.

(3a) Ist der Empfänger einer in Absatz 4 Nr. 14 bezeichneten sonstigen Leistung kein Unternehmer und hat er seinen Wohnsitz oder Sitz im Gemeinschaftsgebiet, wird die sonstige Leistung abweichend von Absatz 1 dort ausgeführt, wo er seinen Wohnsitz oder Sitz hat, wenn die sonstige Leistung von einem Unternehmer ausgeführt wird, der im Drittlandsgebiet ansässig ist oder dort eine Betriebsstätte hat, von der die Leistung ausgeführt wird.

(4) Sonstige Leistungen im Sinne des Absatzes 3 sind:

1.   die Einräumung, Übertragung und Wahrnehmung von Patenten, Urheberrechten, Markenrechten und ähnlichen Rechten;

2.   die sonstigen Leistungen, die der Werbung oder der Öffentlichkeitsarbeit dienen, einschließlich der Leistungen der Werbungsmittler und der Werbeagenturen;

3.  die sonstigen Leistungen aus der Tätigkeit als Rechtsanwalt, Patentanwalt, Steuerberater, Steuerbevollmächtigter, Wirtschaftsprüfer, vereidigter Buchprüfer, Sachverständiger, Ingenieur, Aufsichtsratsmitglied, Dolmetscher und Übersetzer sowie ähnliche Leistungen anderer Unternehmer, insbesondere die rechtliche, wirtschaftliche und technische Beratung;

4.  die Datenverarbeitung;

5.  die Überlassung von Informationen einschließlich gewerblicher Verfahren und Erfahrungen;

6.  a)  die sonstigen Leistungen der in § 4 Nr. 8 Buchstabe a bis h und Nr. 10 bezeichneten Art sowie die Verwaltung von Krediten und Kreditsicherheiten,

    b)  die sonstigen Leistungen im Geschäft mit Gold, Silber und Platin. Das gilt nicht für Münzen und Medaillen aus diesen Edelmetallen;

7.  die Gestellung von Personal;

8.  der Verzicht auf Ausübung eines der in Nummer 1 bezeichneten Rechte;

9.  der Verzicht, ganz oder teilweise eine gewerbliche oder berufliche Tätigkeit auszuüben;

10. die Vermittlung der in diesem Absatz bezeichneten Leistungen;

11. die Vermietung beweglicher körperlicher Gegenstände, ausgenommen Beförderungsmittel;

12. die sonstigen Leistungen auf dem Gebiet der Telekommunikation;

13. die Rundfunk- und Fernsehdienstleistungen;

14. die auf elektronischem Weg erbrachten sonstigen Leistungen;

15. die Gewährung des Zugangs zu Erdgas- und Elektrizitätsnetzen und die Fernleitung, die Übertragung oder Verteilung über diese Netze sowie die Erbringung anderer damit unmittelbar zusammenhängender sonstiger Leistungen.

(5) Das Bundesministerium der Finanzen kann mit Zustimmung des Bundesrates durch Rechtsverordnung, um eine Doppelbesteuerung oder Nichtbesteuerung zu vermeiden oder um Wettbewerbsverzerrungen zu verhindern, bei den in Absatz 4 Nr. 1 bis 13 bezeichneten sonstigen Leistungen und bei der Vermietung von Beförderungsmitteln den Ort dieser Leistungen abweichend von den Absätzen 1 und 3 danach bestimmen, wo die sonstigen Leistungen genutzt oder ausgewertet werden. Der Ort der sonstigen Leistung kann

1.  statt im Inland als im Drittlandsgebiet gelegen und

2.  statt im Drittlandsgebiet als im Inland gelegen

behandelt werden.


**gilt ab dem 1. Januar 2010**

**§ 3a**

**Ort der sonstigen Leistung**

**(1) Eine sonstige Leistung wird vorbehaltlich der Absätze 2 bis 7 und der §§ 3b, 3e und 3f an dem Ort ausgeführt, von dem aus der Unternehmer sein Unternehmen betreibt. Wird die sonstige Leistung von einer Betriebsstätte ausgeführt, gilt die Betriebsstätte als der Ort der sonstigen Leistung.**

**(2) Eine sonstige Leistung, die an einen Unternehmer für dessen Unternehmen ausgeführt wird, wird vorbehaltlich der Absätze 3 bis 7 und der §§ 3b, 3e und 3f an dem Ort ausgeführt, von dem aus der Empfänger sein Unternehmen betreibt. Wird die sonstige Leistung an die Betriebsstätte eines Unternehmers ausgeführt, ist stattdessen der Ort der Betriebsstätte maßgebend. Die Sätze 1 und 2 gelten entsprechend bei einer sonstigen Leistung an eine nicht unternehmerisch tätige juristische Person, der eine Umsatzsteuer-Identifikationsnummer erteilt worden ist.**

**(3)     Abweichend von den Absätzen 1 und 2 gilt:**

**1.     Eine sonstige Leistung im Zusammenhang mit einem Grundstück wird dort ausgeführt, wo das Grundstück liegt. Als sonstige Leistungen im Zusammenhang mit einem Grundstück sind insbesondere anzusehen:**

**a)     sonstige Leistungen der in § 4 Nr. 12 bezeichneten Art,**

**b)     sonstige Leistungen im Zusammenhang mit der Veräußerung oder dem Erwerb von Grundstücken,**

**c)     sonstige Leistungen, die der Erschließung von Grundstücken oder der Vorbereitung, Koordinierung oder Ausführung von Bauleistungen dienen.**

2.  Die kurzfristige Vermietung eines Beförderungsmittels wird an dem Ort ausgeführt, an dem dieses Beförderungsmittel dem Empfänger tatsächlich zur Verfügung gestellt wird. Als kurzfristig im Sinne des Satzes 1 gilt eine Vermietung über einen ununterbrochenen Zeitraum

   a)  von nicht mehr als 90 Tagen bei Wasserfahrzeugen,

   b)  von nicht mehr als 30 Tagen bei anderen Beförderungsmitteln.

3.  Die folgenden sonstigen Leistungen werden dort ausgeführt, wo sie vom Unternehmer tatsächlich erbracht werden:

   a)  kulturelle, künstlerische, wissenschaftliche, unterrichtende, sportliche, unterhaltende oder ähnliche Leistungen, wie Leistungen im Zusammenhang mit Messen und Ausstellungen einschließlich der Leistungen der jeweiligen Veranstalter sowie die damit zusammenhängenden Tätigkeiten, die für die Ausübung der Leistungen unerlässlich sind,

   b)  die Abgabe von Speisen und Getränken zum Verzehr an Ort und Stelle (Restaurationsleistung), wenn diese Abgabe nicht an Bord eines Schiffs, in einem Luftfahrzeug oder in einer Eisenbahn während einer Beförderung innerhalb des Gemeinschaftsgebiets erfolgt,

   c)  Arbeiten an beweglichen körperlichen Gegenständen und die Begutachtung dieser Gegenstände für einen Empfänger, der weder ein Unternehmer ist, für dessen Unternehmen die Leistung ausgeführt wird, noch eine nicht unternehmerisch tätige juristische Person, der eine Umsatzsteuer-Identifikationsnummer erteilt worden ist.

4.  Eine Vermittlungsleistung an einen Empfänger, der weder ein Unternehmer ist, für dessen Unternehmen die Leistung bezogen wird, noch eine nicht unternehmerisch tätige juristische Person, der eine Umsatzsteuer-Identifikationsnummer erteilt worden ist, wird an dem Ort erbracht, an dem der vermittelte Umsatz als ausgeführt gilt.

(4) Ist der Empfänger einer der in Satz 2 bezeichneten sonstigen Leistungen weder ein Unternehmer, für dessen Unternehmen die Leistung bezogen wird, noch eine nicht unternehmerisch tätige juristische Person, der eine Umsatzsteuer-Identifikationsnummer erteilt worden ist, und hat er seinen Wohnsitz oder Sitz im Drittlandsgebiet, wird die sonstige Leistung an seinem Wohnsitz oder Sitz ausgeführt. Sonstige Leistungen im Sinne des Satzes 1 sind:

1.  die Einräumung, Übertragung und Wahrnehmung von Patenten, Urheberrechten, Markenrechten und ähnlichen Rechten;

2.  die sonstigen Leistungen, die der Werbung oder der Öffentlichkeitsarbeit dienen, einschließlich der Leistungen der Werbungsmittler und der Werbeagenturen;

3.  die sonstigen Leistungen aus der Tätigkeit als Rechtsanwalt, Patentanwalt, Steuerberater, Steuerbevollmächtigter, Wirtschaftsprüfer, vereidigter Buchprüfer, Sachverständiger, Ingenieur, Aufsichtsratsmitglied, Dolmetscher und Übersetzer sowie ähnliche Leistungen anderer Unternehmer, insbesondere die rechtliche, wirtschaftliche und technische Beratung;

4.  die Datenverarbeitung;

5.  die Überlassung von Informationen einschließlich gewerblicher Verfahren und Erfahrungen;

6.  a) die sonstigen Leistungen der in § 4 Nr. 8 Buchstabe a bis h und Nr. 10 bezeichneten Art sowie die Verwaltung von Krediten und Kreditsicherheiten,

    b) die sonstigen Leistungen im Geschäft mit Gold, Silber und Platin. Das gilt nicht für Münzen und Medaillen aus diesen Edelmetallen;

7.  die Gestellung von Personal;

8.  der Verzicht auf Ausübung eines der in Nummer 1 bezeichneten Rechte;

9.  der Verzicht, ganz oder teilweise eine gewerbliche oder berufliche Tätigkeit auszuüben;

10. die Vermittlung beweglicher körperlicher Gegenstände, ausgenommen Beförderungsmittel;

11. die sonstigen Leistungen auf dem Gebiet der Telekommunikation;

12. die Rundfunk- und Fernsehdienstleistungen;

13. die auf elektronischem Weg erbrachten sonstigen Leistungen;

14. die Gewährung des Zugangs zu Erdgas- und Elektrizitätsnetzen und die Fernleitung, die Übertragung oder Verteilung über diese Netze sowie die Erbringung anderer damit unmittelbar zusammenhängender sonstiger Leistungen.

(5) Ist der Empfänger einer in Absatz 4 Satz 2 Nr. 13 bezeichneten sonstigen Leistung weder ein Unternehmer, für dessen Unternehmen die Leistung bezogen wird, noch eine nicht unternehmerisch

tätige juristische Person, der eine Umsatzsteuer-Identifikationsnummer erteilt worden ist, und hat er seinen Wohnsitz oder Sitz im Gemeinschaftsgebiet, wird die sonstige Leistung abweichend von Absatz 1 dort ausgeführt, wo er seinen Wohnsitz oder Sitz hat, wenn die sonstige Leistung von einem Unternehmer ausgeführt wird, der im Drittlandsgebiet ansässig ist oder dort eine Betriebsstätte hat, von der die Leistung ausgeführt wird.

(6) Erbringt ein Unternehmer, der sein Unternehmen von einem im Drittlandsgebiet liegenden Ort aus betreibt,

1.  eine in Absatz 3 Nr. 2 bezeichnete Leistung oder die langfristige Vermietung eines Beförderungsmittels,

2.  eine in Absatz 4 Satz 2 Nr. 1 bis 10 bezeichnete Leistung an eine im Inland ansässige juristische Person des öffentlichen Rechts, soweit sie nicht Unternehmer ist und ihr keine Umsatzsteuer-Identifikationsnummer erteilt worden ist, oder

3.  eine in Absatz 4 Satz 2 Nr. 11 und 12 bezeichnete Leistung,

ist diese Leistung abweichend von Absatz 1, Absatz 3 Nr. 2 oder Absatz 4 Satz 1 als im Inland ausgeführt zu behandeln, wenn sie dort genutzt oder ausgewertet wird. Wird die Leistung von einer Betriebsstätte eines Unternehmers ausgeführt, gilt Satz 1 entsprechend, wenn die Betriebsstätte im Drittlandsgebiet liegt.

(7) Vermietet ein Unternehmer, der sein Unternehmen vom Inland aus betreibt, kurzfristig ein Schienenfahrzeug, einen Kraftomnibus oder ein ausschließlich zur Beförderung von Gegenständen bestimmtes Straßenfahrzeug, ist diese Leistung abweichend von Absatz 3 Nr. 2 als im Drittlandsgebiet ausgeführt zu behandeln, wenn die Leistung an einen im Drittlandsgebiet ansässigen Unternehmer erbracht wird, das Fahrzeug für dessen Unternehmen bestimmt ist und im Drittlandsgebiet genutzt wird. Wird die Vermietung des Fahrzeugs von einer Betriebsstätte eines Unternehmers ausgeführt, gilt Satz 1 entsprechend, wenn die Betriebsstätte im Inland liegt.

gilt bis zum 31. Dezember 2009

§ 3b

**Ort der Beförderungsleistungen und der damit zusammenhängenden sonstigen Leistungen**

(1) Eine Beförderungsleistung wird dort ausgeführt, wo die Beförderung bewirkt wird. Erstreckt sich eine Beförderung nicht nur auf das Inland, so fällt nur der Teil der Leistung unter dieses Gesetz, der auf das Inland

entfällt. Die Bundesregierung kann mit Zustimmung des Bundesrates durch Rechtsverordnung zur Vereinfachung des Besteuerungsverfahrens bestimmen, dass bei Beförderungen, die sich sowohl auf das Inland als auch auf das Ausland erstrecken (grenzüberschreitende Beförderungen),

1.  kurze inländische Beförderungsstrecken als ausländische und kurze ausländische Beförderungsstrecken als inländische angesehen werden;

2.  Beförderungen über kurze Beförderungsstrecken in den in § 1 Abs. 3 bezeichneten Gebieten nicht wie Umsätze im Inland behandelt werden.

(2) Das Beladen, Entladen, Umschlagen und ähnliche mit der Beförderung eines Gegenstands im Zusammenhang stehende Leistungen werden dort ausgeführt, wo der Unternehmer jeweils ausschließlich oder zum wesentlichen Teil tätig wird.

(3) Abweichend von Absatz 1 wird die Beförderung eines Gegenstands, die in dem Gebiet von zwei verschiedenen Mitgliedstaaten beginnt und endet (innergemeinschaftliche Beförderung eines Gegenstands), an dem Ort ausgeführt, an dem die Beförderung des Gegenstands beginnt. Verwendet der Leistungsempfänger gegenüber dem Beförderungsunternehmer eine ihm von einem anderen Mitgliedstaat erteilte Umsatzsteuer-Identifikationsnummer, so gilt die unter dieser Nummer in Anspruch genommene Beförderungsleistung als in dem Gebiet des anderen Mitgliedstaates ausgeführt. Der innergemeinschaftlichen Beförderung eines Gegenstands gleichgestellt ist die Beförderung eines Gegenstands, die in dem Gebiet desselben Mitgliedstaates beginnt und endet, wenn diese Beförderung unmittelbar mit einer innergemeinschaftlichen Beförderung dieses Gegenstands im Zusammenhang steht.

(4) Abweichend von Absatz 2 gilt für Leistungen, die im Zusammenhang mit der innergemeinschaftlichen Beförderung eines Gegenstands stehen, Absatz 3 Satz 2 entsprechend.

(5) Die Vermittlung der innergemeinschaftlichen Beförderung eines Gegenstands wird an dem Ort erbracht, an dem die Beförderung des Gegenstands beginnt. Absatz 3 Satz 2 gilt entsprechend.

(6) Die Vermittlung einer in Absatz 2 bezeichneten und mit der innergemeinschaftlichen Beförderung eines Gegenstands in Zusammenhang stehenden Leistung wird an dem Ort erbracht, an dem die Leistung erbracht wird. Absatz 3 Satz 2 gilt entsprechend.

## § 3b

### Ort der Beförderungsleistungen und der damit zusammenhängenden sonstigen Leistungen

(1) Eine Beförderung einer Person wird dort ausgeführt, wo die Beförderung bewirkt wird. Erstreckt sich eine solche Beförderung nicht nur auf das Inland, fällt nur der Teil der Leistung unter dieses Gesetz, der auf das Inland entfällt. Die Sätze 1 und 2 gelten entsprechend für die Beförderung von Gegenständen, die keine innergemeinschaftliche Beförderung eines Gegenstands im Sinne des Absatzes 3 ist, wenn der Empfänger weder ein Unternehmer, für dessen Unternehmen die Leistung bezogen wird, noch eine nicht unternehmerisch tätige juristische Person ist, der eine Umsatzsteuer-Identifikationsnummer erteilt worden ist. Die Bundesregierung kann mit Zustimmung des Bundesrates durch Rechtsverordnung zur Vereinfachung des Besteuerungsverfahrens bestimmen, dass bei Beförderungen, die sich sowohl auf das Inland als auch auf das Ausland erstrecken (grenzüberschreitende Beförderungen),

1.　kurze inländische Beförderungsstrecken als ausländische und kurze ausländische Beförderungsstrecken als inländische angesehen werden;

2.　Beförderungen über kurze Beförderungsstrecken in den in § 1 Abs. 3 bezeichneten Gebieten nicht wie Umsätze im Inland behandelt werden.

(2) Das Beladen, Entladen, Umschlagen und ähnliche mit der Beförderung eines Gegenstands im Zusammenhang stehende Leistungen an einen Empfänger, der weder ein Unternehmer ist, für dessen Unternehmen die Leistung bezogen wird, noch eine nicht unternehmerisch tätige juristische Person ist, der eine Umsatzsteuer-Identifikationsnummer erteilt worden ist, werden dort ausgeführt, wo sie vom Unternehmer tatsächlich erbracht werden.

(3) Die Beförderung eines Gegenstands, die in dem Gebiet eines Mitgliedstaates beginnt und in dem Gebiet eines anderen Mitgliedstaates endet (innergemeinschaftliche Beförderung eines Gegenstands), an einen Empfänger, der weder ein Unternehmer ist, für dessen Unternehmen die Leistung bezogen wird, noch eine nicht unternehmerisch tätige juristische Person, der eine Umsatzsteuer-Identifikationsnummer erteilt worden ist, wird an dem Ort ausgeführt, an dem die Beförderung des Gegenstands beginnt.

# § 3c

### Ort der Lieferung in besonderen Fällen

(1) Wird bei einer Lieferung der Gegenstand durch den Lieferer oder einen von ihm beauftragten Dritten aus dem Gebiet eines Mitgliedstaates in das Gebiet eines anderen Mitgliedstaates oder aus dem übrigen Gemeinschaftsgebiet in die in § 1 Abs. 3 bezeichneten Gebiete befördert oder versendet, so gilt die Lieferung nach Maßgabe der Absätze 2 bis 5 dort als ausgeführt, wo die Beförderung oder Versendung endet. Das gilt auch, wenn der Lieferer den Gegenstand in das Gemeinschaftsgebiet eingeführt hat.

(2) Absatz 1 ist anzuwenden, wenn der Abnehmer

1. nicht zu den in § 1a Abs. 1 Nr. 2 genannten Personen gehört oder

2. a) ein Unternehmer ist, der nur steuerfreie Umsätze ausführt, die zum Ausschluss vom Vorsteuerabzug führen, oder

  b) ein Kleinunternehmer ist, der nach dem Recht des für die Besteuerung zuständigen Mitgliedstaates von der Steuer befreit ist oder auf andere Weise von der Besteuerung ausgenommen ist, oder

  c) ein Unternehmer ist, der nach dem Recht des für die Besteuerung zuständigen Mitgliedstaates die Pauschalregelung für landwirtschaftliche Erzeuger anwendet, oder

  d) eine juristische Person ist, die nicht Unternehmer ist oder die den Gegenstand nicht für ihr Unternehmen erwirbt,

und als einer der in den Buchstaben a bis d genannten Abnehmer weder die maßgebende Erwerbsschwelle überschreitet noch auf ihre Anwendung verzichtet. Im Fall der Beendigung der Beförderung oder Versendung im Gebiet eines anderen Mitgliedstaates ist die von diesem Mitgliedstaat festgesetzte Erwerbsschwelle maßgebend.

(3) Absatz 1 ist nicht anzuwenden, wenn bei dem Lieferer der Gesamtbetrag der Entgelte, der den Lieferungen in einen Mitgliedstaat zuzurechnen ist, die maßgebliche Lieferschwelle im laufenden Kalenderjahr nicht überschreitet und im vorangegangenen Kalenderjahr nicht überschritten hat. Maßgebende Lieferschwelle ist

1. im Fall der Beendigung der Beförderung oder Versendung im Inland oder in den in § 1 Abs. 3 bezeichneten Gebieten der Betrag von 100 000 Euro;

2. im Fall der Beendigung der Beförderung oder Versendung im Gebiet eines anderen Mitgliedstaates der von diesem Mitgliedstaat festgesetzte Betrag.

(4) Wird die maßgebende Lieferschwelle nicht überschritten, gilt die Lieferung auch dann am Ort der Beendigung der Beförderung oder Versendung als ausgeführt, wenn der Lieferer auf die Anwendung des Absatzes 3 verzichtet. Der Verzicht ist gegenüber der zuständigen Behörde zu erklären. Er bindet den Lieferer mindestens für zwei Kalenderjahre.

(5) Die Absätze 1 bis 4 gelten nicht für die Lieferung neuer Fahrzeuge. Absatz 2 Nr. 2 und Absatz 3 gelten nicht für die Lieferung verbrauchsteuerpflichtiger Waren.

## § 3d

### Ort des innergemeinschaftlichen Erwerbs

Der innergemeinschaftliche Erwerb wird in dem Gebiet des Mitgliedstaates bewirkt, in dem sich der Gegenstand am Ende der Beförderung oder Versendung befindet. Verwendet der Erwerber gegenüber dem Lieferer eine ihm von einem anderen Mitgliedstaat erteilte Umsatzsteuer-Identifikationsnummer, gilt der Erwerb so lange in dem Gebiet dieses Mitgliedstaates als bewirkt, bis der Erwerber nachweist, dass der Erwerb durch den in Satz 1 bezeichneten Mitgliedstaat besteuert worden ist oder nach § 25b Abs. 3 als besteuert gilt, sofern der erste Abnehmer seiner Erklärungspflicht nach § 18a Abs. 4 Satz 1 Nr. 3 nachgekommen ist.

**gilt bis zum 31. Dezember 2009**

## § 3e

### Ort der Lieferung während einer Beförderung an Bord eines Schiffs, in einem Luftfahrzeug oder in einer Eisenbahn

(1) Wird ein Gegenstand an Bord eines Schiffs, in einem Luftfahrzeug oder in einer Eisenbahn während einer Beförderung innerhalb des Gemeinschaftsgebiets geliefert, so gilt der Abgangsort des jeweiligen Beförderungsmittels im Gemeinschaftsgebiet als Ort der Lieferung.

(2) Als Beförderung innerhalb des Gemeinschaftsgebiets im Sinne des Absatzes 1 gilt die Beförderung oder der Teil der Beförderung zwischen dem Abgangsort und dem Ankunftsort des Beförderungsmittels im

Gemeinschaftsgebiet ohne Zwischenaufenthalt außerhalb des Gemeinschaftsgebiets. Abgangsort im Sinne des Satzes 1 ist der erste Ort innerhalb des Gemeinschaftsgebiets, an dem Reisende in das Beförderungsmittel einsteigen können. Ankunftsort im Sinne des Satzes 1 ist der letzte Ort innerhalb des Gemeinschaftsgebiets, an dem Reisende das Beförderungsmittel verlassen können. Hin- und Rückfahrt gelten als gesonderte Beförderungen.

**gilt ab dem 1. Januar 2010**

### § 3e

**Ort der Lieferungen und Restaurationsleistungen während einer Beförderung an Bord eines Schiffs, in einem Luftfahrzeug oder in einer Eisenbahn**

**(1) Wird ein Gegenstand an Bord eines Schiffs, in einem Luftfahrzeug oder in einer Eisenbahn während einer Beförderung innerhalb des Gemeinschaftsgebiets geliefert oder dort eine sonstige Leistung ausgeführt, die in der Abgabe von Speisen und Getränken zum Verzehr an Ort und Stelle (Restaurationsleistung) besteht, gilt der Abgangsort des jeweiligen Beförderungsmittels im Gemeinschaftsgebiet als Ort der Lieferung oder der sonstigen Leistung.**

**(2) Als Beförderung innerhalb des Gemeinschaftsgebiets im Sinne des Absatzes 1 gilt die Beförderung oder der Teil der Beförderung zwischen dem Abgangsort und dem Ankunftsort des Beförderungsmittels im Gemeinschaftsgebiet ohne Zwischenaufenthalt außerhalb des Gemeinschaftsgebiets. Abgangsort im Sinne des Satzes 1 ist der erste Ort innerhalb des Gemeinschaftsgebiets, an dem Reisende in das Beförderungsmittel einsteigen können. Ankunftsort im Sinne des Satzes 1 ist der letzte Ort innerhalb des Gemeinschaftsgebiets, an dem Reisende das Beförderungsmittel verlassen können. Hin- und Rückfahrt gelten als gesonderte Beförderungen.**

### § 3f

**Ort der unentgeltlichen Lieferungen und sonstigen Leistungen**

Lieferungen im Sinne des § 3 Abs. 1b und sonstige Leistungen im Sinne des § 3 Abs. 9a werden an dem Ort ausgeführt, von dem aus der Unternehmer sein Unternehmen betreibt. Werden diese Leistungen von einer Betriebsstätte ausgeführt, gilt die Betriebsstätte als Ort der Leistungen.

## § 3g

### Ort der Lieferung von Gas oder Elektrizität

(1) Bei einer Lieferung von Gas über das Erdgasnetz oder von Elektrizität an einen Unternehmer, dessen Haupttätigkeit in Bezug auf den Erwerb dieser Gegenstände in deren Lieferung besteht und dessen eigener Verbrauch dieser Gegenstände von untergeordneter Bedeutung ist, gilt als Ort dieser Lieferung der Ort, wo der Abnehmer sein Unternehmen betreibt. Wird die Lieferung an die Betriebsstätte eines Unternehmers im Sinne des Satzes 1 ausgeführt, so ist stattdessen der Ort der Betriebsstätte maßgebend.

(2) Bei einer Lieferung von Gas über das Erdgasnetz oder von Elektrizität an andere als die in Absatz 1 bezeichneten Abnehmer gilt als Ort der Lieferung der Ort, wo der Abnehmer die Gegenstände tatsächlich nutzt oder verbraucht. Soweit die Gegenstände von diesem Abnehmer nicht tatsächlich genutzt oder verbraucht werden, gelten sie als an dem Ort genutzt oder verbraucht, wo der Abnehmer seinen Sitz, eine Betriebsstätte, an die die Gegenstände geliefert werden, oder seinen Wohnsitz hat.

(3) Auf Gegenstände, deren Lieferungsort sich nach Absatz 1 oder Absatz 2 bestimmt, sind die Vorschriften des § 1a Abs. 2 und § 3 Abs. 1a nicht anzuwenden.


### Zweiter Abschnitt

### Steuerbefreiungen und Steuervergütungen


## § 4

### Steuerbefreiungen bei Lieferungen und sonstigen Leistungen

Von den unter § 1 Abs. 1 Nr. 1 fallenden Umsätzen sind steuerfrei:

1. a)   die Ausfuhrlieferungen (§ 6) und die Lohnveredelungen an Gegenständen der Ausfuhr (§ 7),

   b)   die innergemeinschaftlichen Lieferungen (§ 6a);

2. die Umsätze für die Seeschifffahrt und für die Luftfahrt (§ 8);

3. die folgenden sonstigen Leistungen:

a) die grenzüberschreitenden Beförderungen von Gegenständen, die Beförderungen im internationalen Eisenbahnfrachtverkehr und andere sonstige Leistungen, wenn sich die Leistungen

    aa) unmittelbar auf Gegenstände der Ausfuhr beziehen oder auf eingeführte Gegenstände beziehen, die im externen Versandverfahren in das Drittlandsgebiet befördert werden, oder

    bb) auf Gegenstände der Einfuhr in das Gebiet eines Mitgliedstaates der Europäischen Gemeinschaft beziehen und die Kosten für die Leistungen in der Bemessungsgrundlage für diese Einfuhr enthalten sind. Nicht befreit sind die Beförderungen der in § 1 Abs. 3 Nr. 4 Buchstabe a bezeichneten Gegenstände aus einem Freihafen in das Inland,

b) die Beförderungen von Gegenständen nach und von den Inseln, die die autonomen Regionen Azoren und Madeira bilden,

c) sonstige Leistungen, die sich unmittelbar auf eingeführte Gegenstände beziehen, für die zollamtlich eine vorübergehende Verwendung in den in § 1 Abs. 1 Nr. 4 bezeichneten Gebieten bewilligt worden ist, wenn der Leistungsempfänger ein ausländischer Auftraggeber (§ 7 Abs. 2) ist. Dies gilt nicht für sonstige Leistungen, die sich auf Beförderungsmittel, Paletten und Container beziehen.

Die Vorschrift gilt nicht für die in den Nummern 8, 10 und 11 bezeichneten Umsätze und für die Bearbeitung oder Verarbeitung eines Gegenstands einschließlich der Werkleistung im Sinne des § 3 Abs. 10. Die Voraussetzungen der Steuerbefreiung müssen vom Unternehmer nachgewiesen sein. Das Bundesministerium der Finanzen kann mit Zustimmung des Bundesrates durch Rechtsverordnung bestimmen, wie der Unternehmer den Nachweis zu führen hat;

4. die Lieferungen von Gold an Zentralbanken;

4a. die folgenden Umsätze:

a) die Lieferungen der in der Anlage 1 bezeichneten Gegenstände an einen Unternehmer für sein Unternehmen, wenn der Gegenstand der Lieferung im Zusammenhang mit der Lieferung in ein Umsatzsteuerlager eingelagert wird oder sich in einem Umsatzsteuerlager befindet. Mit der Auslagerung eines Gegenstands aus einem Umsatzsteuerlager entfällt die Steuerbefreiung für die der Auslagerung vorangegangene Lieferung, den der Auslagerung vorangegangenen innergemeinschaftlichen Erwerb oder die der Auslagerung vorangegangene Einfuhr; dies gilt nicht, wenn der Gegenstand im Zusammenhang mit der Auslagerung in ein anderes

Umsatzsteuerlager im Inland eingelagert wird. Eine Auslagerung ist die endgültige Herausnahme eines Gegenstands aus einem Umsatzsteuerlager. Der endgültigen Herausnahme steht gleich der sonstige Wegfall der Voraussetzungen für die Steuerbefreiung sowie die Erbringung einer nicht nach Buchstabe b begünstigten Leistung an den eingelagerten Gegenständen,

b)  die Leistungen, die mit der Lagerung, der Erhaltung, der Verbesserung der Aufmachung und Handelsgüte oder der Vorbereitung des Vertriebs oder Weiterverkaufs der eingelagerten Gegenstände unmittelbar zusammenhängen. Dies gilt nicht, wenn durch die Leistungen die Gegenstände so aufbereitet werden, dass sie zur Lieferung auf der Einzelhandelsstufe geeignet sind.

Die Steuerbefreiung gilt nicht für Leistungen an Unternehmer, die diese zur Ausführung von Umsätzen verwenden, für die die Steuer nach den Durchschnittssätzen des § 24 festgesetzt ist. Die Voraussetzungen der Steuerbefreiung müssen vom Unternehmer eindeutig und leicht nachprüfbar nachgewiesen sein. Umsatzsteuerlager kann jedes Grundstück oder Grundstücksteil im Inland sein, das zur Lagerung der in Anlage 1 genannten Gegenstände dienen soll und von einem Lagerhalter betrieben wird. Es kann mehrere Lagerorte umfassen. Das Umsatzsteuerlager bedarf der Bewilligung des für den Lagerhalter zuständigen Finanzamts. Der Antrag ist schriftlich zu stellen. Die Bewilligung ist zu erteilen, wenn ein wirtschaftliches Bedürfnis für den Betrieb des Umsatzsteuerlagers besteht und der Lagerhalter die Gewähr für dessen ordnungsgemäße Verwaltung bietet;

4b.  die einer Einfuhr vorangehende Lieferung von Gegenständen, wenn der Abnehmer oder dessen Beauftragter den Gegenstand der Lieferung einführt. Dies gilt entsprechend für Lieferungen, die den in Satz 1 genannten Lieferungen vorausgegangen sind. Die Voraussetzungen der Steuerbefreiung müssen vom Unternehmer eindeutig und leicht nachprüfbar nachgewiesen sein;

5.  die Vermittlung

a)  der unter die Nummer 1 Buchstabe a, Nummern 2 bis 4b und Nummern 6 und 7 fallenden Umsätze,

b)  der grenzüberschreitenden Beförderungen von Personen mit Luftfahrzeugen oder Seeschiffen,

c)  der Umsätze, die ausschließlich im Drittlandsgebiet bewirkt werden,

d)  der Lieferungen, die nach § 3 Abs. 8 als im Inland ausgeführt zu behandeln sind.

Nicht befreit ist die Vermittlung von Umsätzen durch Reisebüros für Reisende. Die Voraussetzungen der Steuerbefreiung müssen vom Unternehmer nachgewiesen sein. Das Bundesministerium der

Finanzen kann mit Zustimmung des Bundesrates durch Rechtsverordnung bestimmen, wie der Unternehmer den Nachweis zu führen hat;

6.  a)  die Lieferungen und sonstigen Leistungen der Eisenbahnen des Bundes auf Gemeinschaftsbahnhöfen, Betriebswechselbahnhöfen, Grenzbetriebsstrecken und Durchgangsstrecken an Eisenbahnverwaltungen mit Sitz im Ausland,

    b)  (weggefallen)

    c)  die Lieferungen von eingeführten Gegenständen an im Drittlandsgebiet, ausgenommen Gebiete nach § 1 Abs. 3, ansässige Abnehmer, soweit für die Gegenstände zollamtlich eine vorübergehende Verwendung in den in § 1 Abs. 1 Nr. 4 bezeichneten Gebieten bewilligt worden ist und diese Bewilligung auch nach der Lieferung gilt. Nicht befreit sind die Lieferungen von Beförderungsmitteln, Paletten und Containern,

    d)  Personenbeförderungen im Passagier- und Fährverkehr mit Wasserfahrzeugen für die Seeschifffahrt, wenn die Personenbeförderungen zwischen inländischen Seehäfen und der Insel Helgoland durchgeführt werden,

    e)  die Abgabe von Speisen und Getränken zum Verzehr an Ort und Stelle im Verkehr mit Wasserfahrzeugen für die Seeschifffahrt zwischen einem inländischen und ausländischen Seehafen und zwischen zwei ausländischen Seehäfen. Inländische Seehäfen im Sinne des Satzes 1 sind auch die Freihäfen und Häfen auf der Insel Helgoland;

7.  die Lieferungen, ausgenommen Lieferungen neuer Fahrzeuge im Sinne des § 1b Abs. 2 und 3, und die sonstigen Leistungen

    a)  an andere Vertragsparteien des Nordatlantikvertrags, die nicht unter die in § 26 Abs. 5 bezeichneten Steuerbefreiungen fallen, wenn die Umsätze für den Gebrauch oder Verbrauch durch die Streitkräfte dieser Vertragsparteien, ihr ziviles Begleitpersonal oder für die Versorgung ihrer Kasinos oder Kantinen bestimmt sind und die Streitkräfte der gemeinsamen Verteidigungsanstrengung dienen,

    b)  an die in dem Gebiet eines anderen Mitgliedstaates stationierten Streitkräfte der Vertragsparteien des Nordatlantikvertrags, soweit sie nicht an die Streitkräfte dieses Mitgliedstaates ausgeführt werden,

    c)  an die in dem Gebiet eines anderen Mitgliedstaates ansässigen ständigen diplomatischen Missionen und berufskonsularischen Vertretungen sowie deren Mitglieder und

d)   an die in dem Gebiet eines anderen Mitgliedstaates ansässigen zwischenstaatlichen Einrichtungen sowie deren Mitglieder.

Der Gegenstand der Lieferung muss [1]in den Fällen des Satzes 1 Buchstabe b bis d in das Gebiet des anderen Mitgliedstaates befördert oder versendet werden. Für die Steuerbefreiungen [2]nach Satz 1 Buchstabe b bis d sind die in dem anderen Mitgliedstaat geltenden Voraussetzungen maßgebend. Die Voraussetzungen der Steuerbefreiungen müssen vom Unternehmer nachgewiesen sein. Bei den Steuerbefreiungen [3]nach Satz 1 Buchstabe b bis d hat der Unternehmer die in dem anderen Mitgliedstaat geltenden Voraussetzungen dadurch nachzuweisen, dass ihm der Abnehmer eine von der zuständigen Behörde des anderen Mitgliedstaates oder, wenn er hierzu ermächtigt ist, eine selbst ausgestellte Bescheinigung nach amtlich vorgeschriebenem Muster aushändigt. Das Bundesministerium der Finanzen kann mit Zustimmung des Bundesrates durch Rechtsverordnung bestimmen, wie der Unternehmer die übrigen Voraussetzungen nachzuweisen hat;

8.   a)   die Gewährung und die Vermittlung von Krediten,

b)   die Umsätze und die Vermittlung der Umsätze von gesetzlichen Zahlungsmitteln. Das gilt nicht, wenn die Zahlungsmittel wegen ihres Metallgehalts oder ihres Sammlerwerts umgesetzt werden,

c)   die Umsätze im Geschäft mit Forderungen, Schecks und anderen Handelspapieren sowie die Vermittlung dieser Umsätze, ausgenommen die Einziehung von Forderungen,

d)   die Umsätze und die Vermittlung der Umsätze im Einlagengeschäft, im Kontokorrentverkehr, im Zahlungs- und Überweisungsverkehr und das Inkasso von Handelspapieren,

e)   die Umsätze im Geschäft mit Wertpapieren und die Vermittlung dieser Umsätze, ausgenommen die Verwahrung und die Verwaltung von Wertpapieren,

f)   die Umsätze und die Vermittlung der Umsätze von Anteilen an Gesellschaften und anderen Vereinigungen,

g)   die Übernahme von Verbindlichkeiten, von Bürgschaften und anderen Sicherheiten sowie die Vermittlung dieser Umsätze,

---

[1] gilt ab dem 25. Dezember 2008
[2] gilt ab dem 25. Dezember 2008
[3] gilt ab dem 25. Dezember 2008

h) die Verwaltung von Investmentvermögen nach dem Investmentgesetz und die Verwaltung von Versorgungseinrichtungen im Sinne des Versicherungsaufsichtsgesetzes,

i) die Umsätze der im Inland gültigen amtlichen Wertzeichen zum aufgedruckten Wert;

j) (weggefallen)

k) (weggefallen)

9. a) die Umsätze, die unter das Grunderwerbsteuergesetz fallen,

b) die Umsätze, die unter das Rennwett- und Lotteriegesetz fallen. Nicht befreit sind die unter das Rennwett- und Lotteriegesetz fallenden Umsätze, die von der Rennwett- und Lotteriesteuer befreit sind oder von denen diese Steuer allgemein nicht erhoben wird;

10. a) die Leistungen auf Grund eines Versicherungsverhältnisses im Sinne des Versicherungsteuergesetzes. Das gilt auch, wenn die Zahlung des Versicherungsentgelts nicht der Versicherungsteuer unterliegt,

b) die Leistungen, die darin bestehen, dass anderen Personen Versicherungsschutz verschafft wird;

11. die Umsätze aus der Tätigkeit als Bausparkassenvertreter, Versicherungsvertreter und Versicherungsmakler;

11a. die folgenden vom 1. Januar 1993 bis zum 31. Dezember 1995 ausgeführten Umsätze der Deutschen Bundespost TELEKOM und der Deutsche Telekom AG:

a) die Überlassung von Anschlüssen des Telefonnetzes und des diensteintegrierenden digitalen Fernmeldenetzes sowie die Bereitstellung der von diesen Anschlüssen ausgehenden Verbindungen innerhalb dieser Netze und zu Mobilfunkendeinrichtungen,

b) die Überlassung von Übertragungswegen im Netzmonopol des Bundes,

c) die Ausstrahlung und Übertragung von Rundfunksignalen einschließlich der Überlassung der dazu erforderlichen Sendeanlagen und sonstigen Einrichtungen sowie das Empfangen und Verteilen von Rundfunksignalen in Breitbandverteilnetzen einschließlich der Überlassung von Kabelanschlüssen;

11b. die unmittelbar dem Postwesen dienenden Umsätze der Deutsche Post AG;

12. a) die Vermietung und die Verpachtung von Grundstücken, von Berechtigungen, für die die Vorschriften des bürgerlichen Rechts über Grundstücke gelten, und von staatlichen Hoheitsrechten, die Nutzungen von Grund und Boden betreffen,

    b) die Überlassung von Grundstücken und Grundstücksteilen zur Nutzung auf Grund eines auf Übertragung des Eigentums gerichteten Vertrags oder Vorvertrags,

    c) die Bestellung, die Übertragung und die Überlassung der Ausübung von dinglichen Nutzungsrechten an Grundstücken.

    Nicht befreit sind die Vermietung von Wohn- und Schlafräumen, die ein Unternehmer zur kurzfristigen Beherbergung von Fremden bereithält, die Vermietung von Plätzen für das Abstellen von Fahrzeugen, die kurzfristige Vermietung auf Campingplätzen und die Vermietung und die Verpachtung von Maschinen und sonstigen Vorrichtungen aller Art, die zu einer Betriebsanlage gehören (Betriebsvorrichtungen), auch wenn sie wesentliche Bestandteile eines Grundstücks sind;

13. die Leistungen, die die Gemeinschaften der Wohnungseigentümer im Sinne des Wohnungseigentumsgesetzes in der im Bundesgesetzblatt Teil III, Gliederungsnummer 403-1, veröffentlichten bereinigten Fassung, in der jeweils geltenden Fassung an die Wohnungseigentümer und Teileigentümer erbringen, soweit die Leistungen in der Überlassung des gemeinschaftlichen Eigentums zum Gebrauch, seiner Instandhaltung, Instandsetzung und sonstigen Verwaltung sowie der Lieferung von Wärme und ähnlichen Gegenständen bestehen;

[4]14. a) **Heilbehandlungen im Bereich der Humanmedizin, die im Rahmen der Ausübung der Tätigkeit als Arzt, Zahnarzt, Heilpraktiker, Physiotherapeut, Hebamme oder einer ähnlichen heilberuflichen Tätigkeit durchgeführt werden. Satz 1 gilt nicht für die Lieferung oder Wiederherstellung von Zahnprothesen (aus Unterposition 9021 21 und 9021 29 00 des Zolltarifs) und kieferorthopädischen Apparaten (aus Unterposition 9021 10 des Zolltarifs), soweit sie der Unternehmer in seinem Unternehmen hergestellt oder wiederhergestellt hat;**

    b) **Krankenhausbehandlungen und ärztliche Heilbehandlungen einschließlich der Diagnostik, Befunderhebung, Vorsorge, Rehabilitation, Geburtshilfe und Hospizleistungen sowie damit eng verbundene Umsätze, die von Einrichtungen des öffentlichen Rechts erbracht werden. Die in Satz 1 bezeichneten Leistungen sind auch steuerfrei, wenn sie von**

---

[4] gilt ab dem 1. Januar 2009

| | | |
|---|---|---|
| aa) | zugelassenen Krankenhäusern nach § 18 des Fünften Buches Sozialgesetzbuch, | |

bb) Zentren für ärztliche Heilbehandlung und Diagnostik oder Befunderhebung, die an der vertragsärztlichen Versorgung nach § 95 des Fünften Buches Sozialgesetzbuch teilnehmen oder für die Regelungen nach § 115 des Fünften Buches Sozialgesetzbuch gelten,

cc) Einrichtungen, die von den Trägern der gesetzlichen Unfallversicherung nach § 34 des Siebten Buches Sozialgesetzbuch an der Versorgung beteiligt worden sind,

dd) Einrichtungen, mit denen Versorgungsverträge nach den §§ 111 und 111a des Fünften Buches Sozialgesetzbuch bestehen,

ee) Rehabilitationseinrichtungen, mit denen Verträge nach § 21 des Neunten Buches Sozialgesetzbuch bestehen,

ff) Einrichtungen zur Geburtshilfe, für die Verträge nach § 134a des Fünften Buches Sozialgesetzbuch gelten, oder

gg) Hospizen, mit denen Verträge nach § 39a Abs. 1 des Fünften Buches Sozialgesetzbuch bestehen,

erbracht werden und es sich ihrer Art nach um Leistungen handelt, auf die sich die Zulassung, der Vertrag oder die Regelung nach dem Sozialgesetzbuch jeweils bezieht, oder

hh) von Einrichtungen nach § 138 Abs. 1 Satz 1 des Strafvollzugsgesetzes erbracht werden;

c) Leistungen nach den Buchstaben a und b, die von Einrichtungen nach § 140b Abs. 1 des Fünften Buches Sozialgesetzbuch erbracht werden, mit denen Verträge zur integrierten Versorgung nach § 140a des Fünften Buches Sozialgesetzbuch bestehen;

d) sonstige Leistungen von Gemeinschaften, deren Mitglieder Angehörige der in Buchstabe a bezeichneten Berufe oder Einrichtungen im Sinne des Buchstaben b sind, gegenüber ihren Mitgliedern, soweit diese Leistungen für unmittelbare Zwecke der Ausübung der Tätigkeiten nach Buchstabe a oder Buchstabe b verwendet werden und die Gemeinschaft von ihren Mitgliedern lediglich die genaue Erstattung des jeweiligen Anteils an den gemeinsamen Kosten fordert;

15. die Umsätze der gesetzlichen Träger der Sozialversicherung, der gesetzlichen Träger der Grundsicherung für Arbeitsuchende nach dem Zweiten Buch Sozialgesetzbuch sowie der Arbeitsgemeinschaften nach § 44b Abs. 1 des Zweiten Buches Sozialgesetzbuch, der örtlichen und überörtlichen Träger der Sozialhilfe sowie der Verwaltungsbehörden und sonstigen Stellen der Kriegsopferversorgung einschließlich der Träger der Kriegsopferfürsorge

   a) untereinander,

   b) an die Versicherten, die Bezieher von Leistungen nach dem Zweiten Buch Sozialgesetzbuch, die Empfänger von Sozialhilfe oder die Versorgungsberechtigten. Das gilt nicht für die Abgabe von Brillen und Brillenteilen einschließlich der Reparaturarbeiten durch Selbstabgabestellen der gesetzlichen Träger der Sozialversicherung;

15a. die auf Gesetz beruhenden Leistungen der Medizinischen Dienste der Krankenversicherung (§ 278 SGB V) und des Medizinischen Dienstes der Spitzenverbände der Krankenkassen (§ 282 SGB V) untereinander und für die gesetzlichen Träger der Sozialversicherung und deren Verbände;

⁵**16. die mit dem Betrieb von Einrichtungen zur Betreuung oder Pflege körperlich, geistig oder seelisch hilfsbedürftiger Personen eng verbundenen Leistungen, die von**

   a) **juristischen Personen des öffentlichen Rechts,**

   b) **Einrichtungen, mit denen ein Vertrag nach § 132 des Fünften Buches Sozialgesetzbuch besteht,**

   c) **Einrichtungen, mit denen ein Vertrag nach § 132a des Fünften Buches Sozialgesetzbuch, § 72 oder § 77 des Elften Buches Sozialgesetzbuch besteht oder die Leistungen zur häuslichen Pflege oder zur Heimpflege erbringen und die hierzu nach § 26 Abs. 5 in Verbindung mit § 44 des Siebten Buches Sozialgesetzbuch bestimmt sind,**

   d) **Einrichtungen, die Leistungen der häuslichen Krankenpflege oder Haushaltshilfe erbringen und die hierzu nach § 26 Abs. 5 in Verbindung mit § 32 und § 42 des Siebten Buches Sozialgesetzbuch bestimmt sind,**

   e) **Einrichtungen, mit denen eine Vereinbarung nach § 111 des Neunten Buches Sozialgesetzbuch besteht,**

   f) **Einrichtungen, die nach § 142 des Neunten Buches Sozialgesetzbuch anerkannt sind,**

---

⁵ **gilt ab dem 1. Januar 2009**

g)      Einrichtungen, soweit sie Leistungen erbringen, die landesrechtlich als niedrigschwellige Betreuungsangebote nach § 45b des Elften Buches Sozialgesetzbuch anerkannt sind,

h)      Einrichtungen, mit denen eine Vereinbarung nach § 75 des Zwölften Buches Sozialgesetzbuch besteht,

i)      Einrichtungen, mit denen ein Vertrag nach § 16 des Zweiten Gesetzes über die Krankenversicherung der Landwirte, nach § 53 Abs. 2 Nr. 1 in Verbindung mit § 10 des Gesetzes über die Alterssicherung der Landwirte oder nach § 143e Abs. 4 Nr. 2 in Verbindung mit § 54 Abs. 2 des Siebten Buches Sozialgesetzbuch über die Gewährung von häuslicher Krankenpflege oder Haushaltshilfe, besteht,

j)      Einrichtungen, die aufgrund einer Landesrahmenempfehlung nach § 2 Frühförderungsverordnung als fachlich geeignete interdisziplinäre Frühförderstellen anerkannt sind, oder

k)      Einrichtungen, bei denen im vorangegangenen Kalenderjahr die Betreuungs- oder Pflegekosten in mindestens 40 Prozent der Fälle von den gesetzlichen Trägern der Sozialversicherung oder der Sozialhilfe oder der für die Durchführung der Kriegopferversorgung zuständigen Versorgungsverwaltung einschließlich der Träger der Kriegsopferfürsorge ganz oder zum überwiegenden Teil vergütet worden sind,

erbracht werden. Leistungen im Sinne des Satzes 1, die von Einrichtungen nach den Buchstaben b bis k erbracht werden, sind befreit, soweit es sich ihrer Art nach um Leistungen handelt, auf die sich die Anerkennung, der Vertrag oder die Vereinbarung nach Sozialrecht oder die Vergütung jeweils bezieht;

17.     a)      die Lieferungen von menschlichen Organen, menschlichem Blut und Frauenmilch,

        b)      die Beförderungen von kranken und verletzten Personen mit Fahrzeugen, die hierfür besonders eingerichtet sind;

18.     die Leistungen der amtlich anerkannten Verbände der freien Wohlfahrtspflege und der der freien Wohlfahrtspflege dienenden Körperschaften, Personenvereinigungen und Vermögensmassen, die einem Wohlfahrtsverband als Mitglied angeschlossen sind, wenn

        a)      diese Unternehmer ausschließlich und unmittelbar gemeinnützigen, mildtätigen oder kirchlichen Zwecken dienen,

b) die Leistungen unmittelbar dem nach der Satzung, Stiftung oder sonstigen Verfassung begünstigten Personenkreis zugute kommen und

c) die Entgelte für die in Betracht kommenden Leistungen hinter den durchschnittlich für gleichartige Leistungen von Erwerbsunternehmen verlangten Entgelten zurückbleiben.

Steuerfrei sind auch die Beherbergung, Beköstigung und die üblichen Naturalleistungen, die diese Unternehmer den Personen, die bei den Leistungen nach Satz 1 tätig sind, als Vergütung für die geleisteten Dienste gewähren;

18a. die Leistungen zwischen den selbständigen Gliederungen einer politischen Partei, soweit diese Leistungen im Rahmen der satzungsgemäßen Aufgaben gegen Kostenerstattung ausgeführt werden;

19. a) die Umsätze der Blinden, die nicht mehr als zwei Arbeitnehmer beschäftigen. Nicht als Arbeitnehmer gelten der Ehegatte, die minderjährigen Abkömmlinge, die Eltern des Blinden und die Lehrlinge. Die Blindheit ist nach den für die Besteuerung des Einkommens maßgebenden Vorschriften nachzuweisen. Die Steuerfreiheit gilt nicht für die Lieferungen von Energieerzeugnissen im Sinne des § 1 Abs. 2 und 3 des Energiesteuergesetzes und Branntweinen wenn der Blinde für diese Erzeugnisse Energiesteuer oder Branntweinabgaben zu entrichten hat, und für Lieferungen im Sinne der Nummer 4a Satz 1 Buchstabe a Satz 2,

b) die folgenden Umsätze der nicht unter Buchstabe a fallenden Inhaber von anerkannten Blindenwerkstätten und der anerkannten Zusammenschlüsse von Blindenwerkstätten im Sinne des § 143 des Neunten Buches Sozialgesetzbuch:

aa) die Lieferungen von Blindenwaren und Zusatzwaren,

bb) die sonstigen Leistungen, soweit bei ihrer Ausführung ausschließlich Blinde mitgewirkt haben;

20. a) die Umsätze folgender Einrichtungen des Bundes, der Länder, der Gemeinden oder der Gemeindeverbände: Theater, Orchester, Kammermusikensembles, Chöre, Museen, botanische Gärten, zoologische Gärten, Tierparks, Archive, Büchereien sowie Denkmäler der Bau- und Gartenbaukunst. Das Gleiche gilt für die Umsätze gleichartiger Einrichtungen anderer Unternehmer, wenn die zuständige Landesbehörde bescheinigt, dass sie die gleichen kulturellen Aufgaben wie die in Satz 1 bezeichneten Einrichtungen erfüllen. Museen im Sinne dieser Vorschrift sind wissenschaftliche Sammlungen und Kunstsammlungen,

b) die Veranstaltung von Theatervorführungen und Konzerten durch andere Unternehmer, wenn die Darbietungen von den unter Buchstabe a bezeichneten Theatern, Orchestern, Kammermusikensembles oder Chören erbracht werden;

21. a) die unmittelbar dem Schul- und Bildungszweck dienenden Leistungen privater Schulen und anderer allgemein bildender oder berufsbildender Einrichtungen,

    aa) wenn sie als Ersatzschulen gemäß Artikel 7 Abs. 4 des Grundgesetzes staatlich genehmigt oder nach Landesrecht erlaubt sind oder

    bb) wenn die zuständige Landesbehörde bescheinigt, dass sie auf einen Beruf oder eine vor einer juristischen Person des öffentlichen Rechts abzulegende Prüfung ordnungsgemäß vorbereiten,

b) die unmittelbar dem Schul- und Bildungszweck dienenden Unterrichtsleistungen selbständiger Lehrer

    aa) an Hochschulen im Sinne der §§ 1 und 70 des Hochschulrahmengesetzes und öffentlichen allgemein bildenden oder berufsbildenden Schulen oder

    bb) an privaten Schulen und anderen allgemein bildenden oder berufsbildenden Einrichtungen, soweit diese die Voraussetzungen des Buchstabens a erfüllen;

21a. (weggefallen)

22. a) die Vorträge, Kurse und anderen Veranstaltungen wissenschaftlicher oder belehrender Art, die von juristischen Personen des öffentlichen Rechts, von Verwaltungs- und Wirtschaftsakademien, von Volkshochschulen oder von Einrichtungen, die gemeinnützigen Zwecken oder dem Zweck eines Berufsverbandes dienen, durchgeführt werden, wenn die Einnahmen überwiegend zur Deckung der Kosten verwendet werden,

b) andere kulturelle und sportliche Veranstaltungen, die von den in Buchstabe a genannten Unternehmern durchgeführt werden, soweit das Entgelt in Teilnehmergebühren besteht;

23. die Gewährung von Beherbergung, Beköstigung und der üblichen Naturalleistungen durch Einrichtungen, wenn sie überwiegend Jugendliche für Erziehungs-, Ausbildungs- oder Fortbildungszwecke oder für Zwecke der Säuglingspflege bei sich aufnehmen, soweit die Leistungen an die Jugendlichen oder an die bei ihrer Erziehung, Ausbildung, Fortbildung oder Pflege tätigen Personen ausgeführt werden. Jugendliche im Sinne dieser Vorschrift sind alle Personen vor

Vollendung des 27. Lebensjahres. Steuerfrei sind auch die Beherbergung, Beköstigung und die üblichen Naturalleistungen, die diese Unternehmer den Personen, die bei den Leistungen nach Satz 1 tätig sind, als Vergütung für die geleisteten Dienste gewähren. Die Sätze 1 bis 3 gelten nicht, soweit eine Leistung der Jugendhilfe des Achten Buches Sozialgesetzbuch erbracht wird;

24. die Leistungen des Deutschen Jugendherbergswerkes, Hauptverband für Jugendwandern und Jugendherbergen e.V., einschließlich der diesem Verband angeschlossenen Untergliederungen, Einrichtungen und Jugendherbergen, soweit die Leistungen den Satzungszwecken unmittelbar dienen oder Personen, die bei diesen Leistungen tätig sind, Beherbergung, Beköstigung und die üblichen Naturalleistungen als Vergütung für die geleisteten Dienste gewährt werden. Das Gleiche gilt für die Leistungen anderer Vereinigungen, die gleiche Aufgaben unter denselben Voraussetzungen erfüllen;

25. Leistungen der Jugendhilfe nach § 2 Abs. 2 des Achten Buches Sozialgesetzbuch und die Inobhutnahme nach § 42 des Achten Buches Sozialgesetzbuch, wenn diese Leistungen von Trägern der öffentlichen Jugendhilfe oder anderen Einrichtungen mit sozialem Charakter erbracht werden. Andere Einrichtungen mit sozialem Charakter im Sinne dieser Vorschrift sind

a) von der zuständigen Jugendbehörde anerkannte Träger der freien Jugendhilfe, die Kirchen und Religionsgemeinschaften des öffentlichen Rechts sowie die amtlich anerkannten Verbände der freien Wohlfahrtspflege,

b) Einrichtungen, soweit sie

aa) für ihre Leistungen eine im Achten Buch Sozialgesetzbuch geforderte Erlaubnis besitzen oder nach § 44 der § 45 Abs. 1 Nr. 1 und 2 des Achten Buches Sozialgesetzbuch einer Erlaubnis nicht bedürfen,

bb) Leistungen erbringen, die im vorangegangenen Kalenderjahr ganz oder zum überwiegenden Teil durch Träger der öffentlichen Jugendhilfe oder Einrichtungen nach Buchstabe a vergütet wurden oder

cc) Leistungen der Kindertagespflege erbringen, für die sie nach § 24 Abs. 5 des Achten Buches Sozialgesetzbuch vermittelt werden können.

Steuerfrei sind auch

a) die Durchführung von kulturellen und sportlichen Veranstaltungen, wenn die Darbietungen von den von der Jugendhilfe begünstigten Personen selbst erbracht oder die Einnahmen überwiegend zur Deckung der Kosten verwendet werden und diese Leistungen in engem Zusammenhang mit den in Satz 1 bezeichneten Leistungen stehen,

b) die Beherbergung, Beköstigung und die üblichen Naturalleistungen, die diese Einrichtungen den Empfängern der Jugendhilfeleistungen und Mitarbeitern in der Jugendhilfe sowie den bei den Leistungen nach Satz 1 tätigen Personen als Vergütung für die geleisteten Dienste gewähren;

26. die ehrenamtliche Tätigkeit,

a) wenn sie für juristische Personen des öffentlichen Rechts ausgeübt wird oder

b) wenn das Entgelt für diese Tätigkeit nur in Auslagenersatz und einer angemessenen Entschädigung für Zeitversäumnis besteht;

27. a) die Gestellung von Mitgliedern geistlicher Genossenschaften und Angehörigen von Mutterhäusern für gemeinnützige, mildtätige, kirchliche oder schulische Zwecke,

[6]b) die Gestellung von land- und forstwirtschaftlichen Arbeitskräften durch juristische Personen des privaten oder des öffentlichen Rechts für land- und forstwirtschaftliche Betriebe (§ 24 Abs. 2) mit höchstens drei Vollarbeitskräften zur Überbrückung des Ausfalls des Betriebsinhabers oder dessen voll mitarbeitenden Familienangehörigen wegen Krankheit, Unfalls, Schwangerschaft, eingeschränkter Erwerbsfähigkeit oder Todes sowie die Gestellung von Betriebshelfern an die gesetzlichen Träger der Sozialversicherung;

28. die Lieferungen von Gegenständen, für die der Vorsteuerabzug nach § 15 Abs. 1a ausgeschlossen ist oder wenn der Unternehmer die gelieferten Gegenstände ausschließlich für eine nach den Nummern 8 bis 27 steuerfreie Tätigkeit verwendet hat.

## § 4a

### Steuervergütung

(1) Körperschaften, die ausschließlich und unmittelbar gemeinnützige, mildtätige oder kirchliche Zwecke verfolgen (§§ 51 bis 68 der Abgabenordnung), und juristischen Personen des öffentlichen Rechts wird auf Antrag eine Steuervergütung zum Ausgleich der Steuer gewährt, die auf der an sie bewirkten Lieferung eines Gegenstands, seiner Einfuhr oder seinem innergemeinschaftlichen Erwerb lastet, wenn die folgenden Voraussetzungen erfüllt sind:

---

[6] gilt ab dem 1. Januar 2009 (Streichung „und Haushaltshilfen")

1. Die Lieferung, die Einfuhr oder der innergemeinschaftliche Erwerb des Gegenstands muss steuerpflichtig gewesen sein.

2. Die auf die Lieferung des Gegenstands entfallende Steuer muss in einer nach § 14 ausgestellten Rechnung gesondert ausgewiesen und mit dem Kaufpreis bezahlt worden sein.

3. Die für die Einfuhr oder den innergemeinschaftlichen Erwerb des Gegenstands geschuldete Steuer muss entrichtet worden sein.

4. Der Gegenstand muss in das Drittlandsgebiet gelangt sein.

5. Der Gegenstand muss im Drittlandsgebiet zu humanitären, karitativen oder erzieherischen Zwecken verwendet werden.

6. Der Erwerb oder die Einfuhr des Gegenstands und seine Ausfuhr dürfen von einer Körperschaft, die steuerbegünstigte Zwecke verfolgt, nicht im Rahmen eines wirtschaftlichen Geschäftsbetriebs und von einer juristischen Person des öffentlichen Rechts nicht im Rahmen eines Betriebs gewerblicher Art (§ 1 Abs. 1 Nr. 6, § 4 des Körperschaftsteuergesetzes) oder eines land- und forstwirtschaftlichen Betriebs vorgenommen worden sein.

7. Die vorstehenden Voraussetzungen müssen nachgewiesen sein.

Der Antrag ist nach amtlich vorgeschriebenem Vordruck zu stellen, in dem der Antragsteller die zu gewährende Vergütung selbst zu berechnen hat.

(2) Das Bundesministerium der Finanzen kann mit Zustimmung des Bundesrates durch Rechtsverordnung näher bestimmen,

1. wie die Voraussetzungen für den Vergütungsanspruch nach Absatz 1 Satz 1 nachzuweisen sind und

2. in welcher Frist die Vergütung zu beantragen ist.


## § 4b

### Steuerbefreiung beim innergemeinschaftlichen Erwerb von Gegenständen

Steuerfrei ist der innergemeinschaftliche Erwerb

1.  der in § 4 Nr. 8 Buchstabe e und Nr. 17 Buchstabe a sowie der in § 8 Abs. 1 Nr. 1 und 2 bezeichneten Gegenstände;

2.  der in § 4 Nr. 4 bis 4b und Nr. 8 Buchstabe b und i sowie der in § 8 Abs. 2 Nr. 1 und 2 bezeichneten Gegenstände unter den in diesen Vorschriften bezeichneten Voraussetzungen;

3.  der Gegenstände, deren Einfuhr (§ 1 Abs. 1 Nr. 4) nach den für die Einfuhrumsatzsteuer geltenden Vorschriften steuerfrei wäre;

4.  der Gegenstände, die zur Ausführung von Umsätzen verwendet werden, für die der Ausschluss vom Vorsteuerabzug nach § 15 Abs. 3 nicht eintritt.

# § 5

## Steuerbefreiungen bei der Einfuhr

(1) Steuerfrei ist die Einfuhr

1.  der in § 4 Nr. 8 Buchstabe e und Nr. 17 Buchstabe a sowie der in § 8 Abs. 1 Nr. 1, 2 und 3 bezeichneten Gegenstände;

2.  der in § 4 Nr. 4 und Nr. 8 Buchstabe b und i sowie der in § 8 Abs. 2 Nr. 1, 2 und 3 bezeichneten Gegenstände unter den in diesen Vorschriften bezeichneten Voraussetzungen;

3.  der Gegenstände, die von einem Schuldner der Einfuhrumsatzsteuer im Anschluss an die Einfuhr unmittelbar zur Ausführung von innergemeinschaftlichen Lieferungen (§ 4 Nr. 1 Buchstabe b, § 6a) verwendet werden; der Schuldner der Einfuhrumsatzsteuer hat das Vorliegen der Voraussetzungen des § 6a Abs. 1 bis 3 nachzuweisen;

4.  der in der Anlage 1 bezeichneten Gegenstände, die im Anschluss an die Einfuhr zur Ausführung von steuerfreien Umsätzen nach § 4 Nr. 4a Satz 1 Buchstabe a Satz 1 verwendet werden sollen; der Schuldner der Einfuhrumsatzsteuer hat die Voraussetzungen der Steuerbefreiung nachzuweisen;

5.  der in der Anlage 1 bezeichneten Gegenstände, wenn die Einfuhr im Zusammenhang mit einer Lieferung steht, die zu einer Auslagerung im Sinne des § 4 Nr. 4a Satz 1 Buchstabe a Satz 2 führt, und der Lieferer oder sein Beauftragter Schuldner der Einfuhrumsatzsteuer ist; der Schuldner der Einfuhrumsatzsteuer hat die Voraussetzungen der Steuerbefreiung nachzuweisen;

6.	von Erdgas über das Erdgasnetz und von Elektrizität.

(2) Das Bundesministerium der Finanzen kann durch Rechtsverordnung, die nicht der Zustimmung des Bundesrates bedarf, zur Erleichterung des Warenverkehrs über die Grenze und zur Vereinfachung der Verwaltung Steuerfreiheit oder Steuerermäßigung anordnen

1.	für Gegenstände, die nicht oder nicht mehr am Güterumsatz und an der Preisbildung teilnehmen;

2.	für Gegenstände in kleinen Mengen oder von geringem Wert;

3.	für Gegenstände, die nur vorübergehend ausgeführt worden waren, ohne ihre Zugehörigkeit oder enge Beziehung zur inländischen Wirtschaft verloren zu haben;

4.	für Gegenstände, die nach zollamtlich bewilligter Veredelung in Freihäfen eingeführt werden;

5.	für Gegenstände, die nur vorübergehend eingeführt und danach unter zollamtlicher Überwachung wieder ausgeführt werden;

6.	für Gegenstände, für die nach zwischenstaatlichem Brauch keine Einfuhrumsatzsteuer erhoben wird;

7.	für Gegenstände, die an Bord von Verkehrsmitteln als Mundvorrat, als Brenn-, Treib- oder Schmierstoffe, als technische Öle oder als Betriebsmittel eingeführt werden;

8.	für Gegenstände, die weder zum Handel noch zur gewerblichen Verwendung bestimmt und insgesamt nicht mehr wert sind, als in Rechtsakten des Rates oder der Kommission der Europäischen Gemeinschaften über die Verzollung zum Pauschalsatz festgelegt ist, soweit dadurch schutzwürdige Interessen der inländischen Wirtschaft nicht verletzt werden und keine unangemessenen Steuervorteile entstehen. Es hat dabei Rechtsakte des Rates oder der Kommission der Europäischen Gemeinschaften zu berücksichtigen.

(3) Das Bundesministerium der Finanzen kann durch Rechtsverordnung, die nicht der Zustimmung des Bundesrates bedarf, anordnen, dass unter den sinngemäß anzuwendenden Voraussetzungen von Rechtsakten des Rates oder der Kommission der Europäischen Gemeinschaften über die Erstattung oder den Erlass von Einfuhrabgaben die Einfuhrumsatzsteuer ganz oder teilweise erstattet oder erlassen wird.

# § 6

## Ausfuhrlieferung

(1) Eine Ausfuhrlieferung (§ 4 Nr. 1 Buchstabe a) liegt vor, wenn bei einer Lieferung

1.  der Unternehmer den Gegenstand der Lieferung in das Drittlandsgebiet, ausgenommen Gebiete nach § 1 Abs. 3, befördert oder versendet hat oder

2.  der Abnehmer den Gegenstand der Lieferung in das Drittlandsgebiet, ausgenommen Gebiete nach § 1 Abs. 3, befördert oder versendet hat und ein ausländischer Abnehmer ist oder

3.  der Unternehmer oder der Abnehmer den Gegenstand der Lieferung in die in § 1 Abs. 3 bezeichneten Gebiete befördert oder versendet hat und der Abnehmer

    [7]**a)     ein Unternehmer ist, der den Gegenstand für sein Unternehmen erworben hat und dieser nicht ausschließlich oder nicht zum Teil für eine nach § 4 Nr. 8 bis 27 steuerfreie Tätigkeit verwendet werden soll, oder**

    b)     ein ausländischer Abnehmer, aber kein Unternehmer ist und der Gegenstand in das übrige Drittlandsgebiet gelangt.

Der Gegenstand der Lieferung kann durch Beauftragte vor der Ausfuhr bearbeitet oder verarbeitet worden sein.

(2) Ausländischer Abnehmer im Sinne des Absatzes 1 Satz 1 Nr. 2 und 3 ist

1.  ein Abnehmer, der seinen Wohnort oder Sitz im Ausland, ausgenommen die in § 1 Abs. 3 bezeichneten Gebiete, hat, oder

2.  eine Zweigniederlassung eines im Inland oder in den in § 1 Abs. 3 bezeichneten Gebieten ansässigen Unternehmers, die ihren Sitz im Ausland, ausgenommen die bezeichneten Gebiete, hat, wenn sie das Umsatzgeschäft im eigenen Namen abgeschlossen hat.

Eine Zweigniederlassung im Inland oder in den in § 1 Abs. 3 bezeichneten Gebieten ist kein ausländischer Abnehmer.

---

[7] **gilt ab dem 25. Dezember 2008**

(3) Ist in den Fällen des Absatzes 1 Satz 1 Nr. 2 und 3 der Gegenstand der Lieferung zur Ausrüstung oder Versorgung eines Beförderungsmittels bestimmt, so liegt eine Ausfuhrlieferung nur vor, wenn

1. der Abnehmer ein ausländischer Unternehmer ist und

2. das Beförderungsmittel den Zwecken des Unternehmens des Abnehmers dient.

(3a) Wird in den Fällen des Absatzes 1 Satz 1 Nr. 2 und 3 der Gegenstand der Lieferung nicht für unternehmerische Zwecke erworben und durch den Abnehmer im persönlichen Reisegepäck ausgeführt, liegt eine Ausfuhrlieferung nur vor, wenn

1. der Abnehmer seinen Wohnort oder Sitz im Drittlandsgebiet, ausgenommen Gebiete nach § 1 Abs. 3, hat und

2. der Gegenstand der Lieferung vor Ablauf des dritten Kalendermonats, der auf den Monat der Lieferung folgt, ausgeführt wird.

(4) Die Voraussetzungen der Absätze 1, 3 und 3a sowie die Bearbeitung oder Verarbeitung im Sinne des Absatzes 1 Satz 2 müssen vom Unternehmer nachgewiesen sein. Das Bundesministerium der Finanzen kann mit Zustimmung des Bundesrates durch Rechtsverordnung bestimmen, wie der Unternehmer die Nachweise zu führen hat.

(5) Die Absätze 1 bis 4 gelten nicht für die Lieferungen im Sinne des § 3 Abs. 1b.

## § 6a

### Innergemeinschaftliche Lieferung

(1) Eine innergemeinschaftliche Lieferung (§ 4 Nr. 1 Buchstabe b) liegt vor, wenn bei einer Lieferung die folgenden Voraussetzungen erfüllt sind:

1. Der Unternehmer oder der Abnehmer hat den Gegenstand der Lieferung in das übrige Gemeinschaftsgebiet befördert oder versendet,

2. der Abnehmer ist

    a) ein Unternehmer, der den Gegenstand der Lieferung für sein Unternehmen erworben hat,

b)      eine juristische Person, die nicht Unternehmer ist oder die den Gegenstand der Lieferung nicht für ihr Unternehmen erworben hat, oder

c)      bei der Lieferung eines neuen Fahrzeugs auch jeder andere Erwerber

und

3.      der Erwerb des Gegenstands der Lieferung unterliegt beim Abnehmer in einem anderen Mitgliedstaat den Vorschriften der Umsatzbesteuerung.

Der Gegenstand der Lieferung kann durch Beauftragte vor der Beförderung oder Versendung in das übrige Gemeinschaftsgebiet bearbeitet oder verarbeitet worden sein.

(2) Als innergemeinschaftliche Lieferung gilt auch das einer Lieferung gleichgestellte Verbringen eines Gegenstands (§ 3 Abs. 1a).

(3) Die Voraussetzungen der Absätze 1 und 2 müssen vom Unternehmer nachgewiesen sein. Das Bundesministerium der Finanzen kann mit Zustimmung des Bundesrates durch Rechtsverordnung bestimmen, wie der Unternehmer den Nachweis zu führen hat.

(4) Hat der Unternehmer eine Lieferung als steuerfrei behandelt, obwohl die Voraussetzungen nach Absatz 1 nicht vorliegen, so ist die Lieferung gleichwohl als steuerfrei anzusehen, wenn die Inanspruchnahme der Steuerbefreiung auf unrichtigen Angaben des Abnehmers beruht und der Unternehmer die Unrichtigkeit dieser Angaben auch bei Beachtung der Sorgfalt eines ordentlichen Kaufmanns nicht erkennen konnte. In diesem Fall schuldet der Abnehmer die entgangene Steuer.


# § 7

## Lohnveredelung an Gegenständen der Ausfuhr

(1) Eine Lohnveredelung an einem Gegenstand der Ausfuhr (§ 4 Nr. 1 Buchstabe a) liegt vor, wenn bei einer Bearbeitung oder Verarbeitung eines Gegenstands der Auftraggeber den Gegenstand zum Zweck der Bearbeitung oder Verarbeitung in das Gemeinschaftsgebiet eingeführt oder zu diesem Zweck in diesem Gebiet erworben hat und

1.      der Unternehmer den bearbeiteten oder verarbeiteten Gegenstand in das Drittlandsgebiet, ausgenommen Gebiete nach § 1 Abs. 3, befördert oder versendet hat oder

2.  der Auftraggeber den bearbeiteten oder verarbeiteten Gegenstand in das Drittlandsgebiet befördert oder versendet hat und ein ausländischer Auftraggeber ist oder

3.  der Unternehmer den bearbeiteten oder verarbeiteten Gegenstand in die in § 1 Abs. 3 bezeichneten Gebiete befördert oder versendet hat und der Auftraggeber

    a)  ein ausländischer Auftraggeber ist oder

    b)  ein Unternehmer ist, der im Inland oder in den bezeichneten Gebieten ansässig ist und den bearbeiteten oder verarbeiteten Gegenstand für Zwecke seines Unternehmens verwendet.

Der bearbeitete oder verarbeitete Gegenstand kann durch weitere Beauftragte vor der Ausfuhr bearbeitet oder verarbeitet worden sein.

(2) Ausländischer Auftraggeber im Sinne des Absatzes 1 Satz 1 Nr. 2 und 3 ist ein Auftraggeber, der die für den ausländischen Abnehmer geforderten Voraussetzungen (§ 6 Abs. 2) erfüllt.

(3) Bei Werkleistungen im Sinne des § 3 Abs. 10 gilt Absatz 1 entsprechend.

(4) Die Voraussetzungen des Absatzes 1 sowie die Bearbeitung oder Verarbeitung im Sinne des Absatzes 1 Satz 2 müssen vom Unternehmer nachgewiesen sein. Das Bundesministerium der Finanzen kann mit Zustimmung des Bundesrates durch Rechtsverordnung bestimmen, wie der Unternehmer die Nachweise zu führen hat.

(5) Die Absätze 1 bis 4 gelten nicht für die sonstigen Leistungen im Sinne des § 3 Abs. 9a Nr. 2.


§ 8

**Umsätze für die Seeschifffahrt und für die Luftfahrt**

(1) Umsätze für die Seeschifffahrt (§ 4 Nr. 2) sind:

1.  die Lieferungen, Umbauten, Instandsetzungen, Wartungen, Vercharterungen und Vermietungen von Wasserfahrzeugen für die Seeschifffahrt, die dem Erwerb durch die Seeschifffahrt oder der Rettung Schiffbrüchiger zu dienen bestimmt sind (aus Positionen 8901 und 8902 00, aus Unterposition 8903 92 10, aus Position 8904 00 und aus Unterposition 8906 90 10 des Zolltarifs);

2.  die Lieferungen, Instandsetzungen, Wartungen und Vermietungen von Gegenständen, die zur Ausrüstung der in Nummer 1 bezeichneten Wasserfahrzeuge bestimmt sind;

3.  die Lieferungen von Gegenständen, die zur Versorgung der in Nummer 1 bezeichneten Wasserfahrzeuge bestimmt sind. Nicht befreit sind die Lieferungen von Bordproviant zur Versorgung von Wasserfahrzeugen der Küstenfischerei;

4.  die Lieferungen von Gegenständen, die zur Versorgung von Kriegsschiffen (Unterposition 8906 10 00 des Zolltarifs) auf Fahrten bestimmt sind, bei denen ein Hafen oder ein Ankerplatz im Ausland und außerhalb des Küstengebiets im Sinne des Zollrechts angelaufen werden soll;

5.  andere als die in den Nummern 1 und 2 bezeichneten sonstigen Leistungen, die für den unmittelbaren Bedarf der in Nummer 1 bezeichneten Wasserfahrzeuge, einschließlich ihrer Ausrüstungsgegenstände und ihrer Ladungen, bestimmt sind.

(2) Umsätze für die Luftfahrt (§ 4 Nr. 2) sind:

1.  die Lieferungen, Umbauten, Instandsetzungen, Wartungen, Vercharterungen und Vermietungen von Luftfahrzeugen, die zur Verwendung durch Unternehmer bestimmt sind, die im entgeltlichen Luftverkehr überwiegend grenzüberschreitende Beförderungen oder Beförderungen auf ausschließlich im Ausland gelegenen Strecken und keine nach § 4 Nr. 17 Buchstabe b steuerfreien Beförderungen durchführen;

2.  die Lieferungen, Instandsetzungen, Wartungen und Vermietungen von Gegenständen, die zur Ausrüstung der in Nummer 1 bezeichneten Luftfahrzeuge bestimmt sind;

3.  die Lieferungen von Gegenständen, die zur Versorgung der in Nummer 1 bezeichneten Luftfahrzeuge bestimmt sind;

4.  andere als die in den Nummern 1 und 2 bezeichneten sonstigen Leistungen, die für den unmittelbaren Bedarf der in Nummer 1 bezeichneten Luftfahrzeuge, einschließlich ihrer Ausrüstungsgegenstände und ihrer Ladungen, bestimmt sind.

(3) Die in den Absätzen 1 und 2 bezeichneten Voraussetzungen müssen vom Unternehmer nachgewiesen sein. Das Bundesministerium der Finanzen kann mit Zustimmung des Bundesrates durch Rechtsverordnung bestimmen, wie der Unternehmer den Nachweis zu führen hat.

## § 9

### Verzicht auf Steuerbefreiungen

(1) Der Unternehmer kann einen Umsatz, der nach § 4 Nr. 8 Buchstabe a bis g, Nr. 9 Buchstabe a, Nr. 12, 13 oder 19 steuerfrei ist, als steuerpflichtig behandeln, wenn der Umsatz an einen anderen Unternehmer für dessen Unternehmen ausgeführt wird.

(2) Der Verzicht auf Steuerbefreiung nach Absatz 1 ist bei der Bestellung und Übertragung von Erbbaurechten (§ 4 Nr. 9 Buchstabe a), bei der Vermietung oder Verpachtung von Grundstücken (§ 4 Nr. 12 Satz 1 Buchstabe a) und bei den in § 4 Nr. 12 Satz 1 Buchstabe b und c bezeichneten Umsätzen nur zulässig, soweit der Leistungsempfänger das Grundstück ausschließlich für Umsätze verwendet oder zu verwenden beabsichtigt, die den Vorsteuerabzug nicht ausschließen. Der Unternehmer hat die Voraussetzungen nachzuweisen.

(3) Der Verzicht auf Steuerbefreiung nach Absatz 1 ist bei Lieferungen von Grundstücken (§ 4 Nr. 9 Buchstabe a) im Zwangsversteigerungsverfahren durch den Vollstreckungsschuldner an den Ersteher bis zur Aufforderung zur Abgabe von Geboten im Versteigerungstermin zulässig. Bei anderen Umsätzen im Sinne von § 4 Nr. 9 Buchstabe a kann der Verzicht auf Steuerbefreiung nach Absatz 1 nur in dem gemäß § 311b Abs. 1 des Bürgerlichen Gesetzbuchs notariell zu beurkundenden Vertrag erklärt werden.

### Dritter Abschnitt

### Bemessungsgrundlagen

## § 10

### Bemessungsgrundlage für Lieferungen, sonstige Leistungen und innergemeinschaftliche Erwerbe

(1) Der Umsatz wird bei Lieferungen und sonstigen Leistungen (§ 1 Abs. 1 Nr. 1 Satz 1) und bei dem innergemeinschaftlichen Erwerb (§ 1 Abs. 1 Nr. 5) nach dem Entgelt bemessen. Entgelt ist alles, was der Leistungsempfänger aufwendet, um die Leistung zu erhalten, jedoch abzüglich der Umsatzsteuer. Zum Entgelt gehört auch, was ein anderer als der Leistungsempfänger dem Unternehmer für die Leistung gewährt. Bei dem innergemeinschaftlichen Erwerb sind Verbrauchsteuern, die vom Erwerber geschuldet oder entrichtet werden, in die Bemessungsgrundlage einzubeziehen. Bei Lieferungen und dem innergemeinschaftlichen Erwerb im Sinne des § 4 Nr. 4a Satz 1 Buchstabe a Satz 2 sind die Kosten für die Leistungen im Sinne des § 4 Nr. 4a Satz 1 Buchstabe b und die vom Auslagerer geschuldeten oder entrichteten Verbrauchsteuern in die

Bemessungsgrundlage einzubeziehen. Die Beträge, die der Unternehmer im Namen und für Rechnung eines anderen vereinnahmt und verausgabt (durchlaufende Posten), gehören nicht zum Entgelt.

(2) Werden Rechte übertragen, die mit dem Besitz eines Pfandscheins verbunden sind, so gilt als vereinbartes Entgelt der Preis des Pfandscheins zuzüglich der Pfandsumme. Beim Tausch (§ 3 Abs. 12 Satz 1), bei tauschähnlichen Umsätzen (§ 3 Abs. 12 Satz 2) und bei Hingabe an Zahlungs statt gilt der Wert jedes Umsatzes als Entgelt für den anderen Umsatz. Die Umsatzsteuer gehört nicht zum Entgelt.

(3) (weggefallen)

(4) Der Umsatz wird bemessen

1.  bei dem Verbringen eines Gegenstands im Sinne des § 1a Abs. 2 und des § 3 Abs. 1a sowie bei Lieferungen im Sinne des § 3 Abs. 1b nach dem Einkaufspreis zuzüglich der Nebenkosten für den Gegenstand oder für einen gleichartigen Gegenstand oder mangels eines Einkaufspreises nach den Selbstkosten, jeweils zum Zeitpunkt des Umsatzes;

2.  bei sonstigen Leistungen im Sinne des § 3 Abs. 9a Nr. 1 nach den bei der Ausführung dieser Umsätze entstandenen Ausgaben, soweit sie zum vollen oder teilweisen Vorsteuerabzug berechtigt haben. Zu diesen Ausgaben gehören auch die Anschaffungs- oder Herstellungskosten eines Wirtschaftsguts, soweit das Wirtschaftsgut dem Unternehmen zugeordnet ist und für die Erbringung der sonstigen Leistung verwendet wird. Betragen die Anschaffungs- oder Herstellungskosten mindestens 500 Euro, sind sie gleichmäßig auf einen Zeitraum zu verteilen, der dem für das Wirtschaftsgut maßgeblichen Berichtigungszeitraum nach § 15a entspricht;

3.  bei sonstigen Leistungen im Sinne des § 3 Abs. 9a Nr. 2 nach den bei der Ausführung dieser Umsätze entstandenen Ausgaben. Satz 1 Nr. 2 Sätze 2 und 3 gilt entsprechend.

Die Umsatzsteuer gehört nicht zur Bemessungsgrundlage.

(5) Absatz 4 gilt entsprechend für

1.  Lieferungen und sonstige Leistungen, die Körperschaften und Personenvereinigungen im Sinne des § 1 Abs. 1 Nr. 1 bis 5 des Körperschaftsteuergesetzes, nichtrechtsfähige Personenvereinigungen sowie Gemeinschaften im Rahmen ihres Unternehmens an ihre Anteilseigner, Gesellschafter, Mitglieder, Teilhaber oder diesen nahe stehende Personen sowie Einzelunternehmer an ihnen nahe stehende Personen ausführen;

2. Lieferungen und sonstige Leistungen, die ein Unternehmer an sein Personal oder dessen Angehörige auf Grund des Dienstverhältnisses ausführt,

wenn die Bemessungsgrundlage nach Absatz 4 das Entgelt nach Absatz 1 übersteigt.

(6) Bei Beförderungen von Personen im Gelegenheitsverkehr mit Kraftomnibussen, die nicht im Inland zugelassen sind, tritt in den Fällen der Beförderungseinzelbesteuerung (§ 16 Abs. 5) an die Stelle des vereinbarten Entgelts ein Durchschnittsbeförderungsentgelt. Das Durchschnittsbeförderungsentgelt ist nach der Zahl der beförderten Personen und der Zahl der Kilometer der Beförderungsstrecke im Inland (Personenkilometer) zu berechnen. Das Bundesministerium der Finanzen kann mit Zustimmung des Bundesrates durch Rechtsverordnung das Durchschnittsbeförderungsentgelt je Personenkilometer festsetzen. Das Durchschnittsbeförderungsentgelt muss zu einer Steuer führen, die nicht wesentlich von dem Betrag abweicht, der sich nach diesem Gesetz ohne Anwendung des Durchschnittsbeförderungsentgelts ergeben würde.

## § 11

### Bemessungsgrundlage für die Einfuhr

(1) Der Umsatz wird bei der Einfuhr (§ 1 Abs. 1 Nr. 4) nach dem Wert des eingeführten Gegenstands nach den jeweiligen Vorschriften über den Zollwert bemessen.

(2) Ist ein Gegenstand ausgeführt, in einem Drittlandsgebiet für Rechnung des Ausführers veredelt und von diesem oder für ihn wieder eingeführt worden, so wird abweichend von Absatz 1 der Umsatz bei der Einfuhr nach dem für die Veredelung zu zahlenden Entgelt oder, falls ein solches Entgelt nicht gezahlt wird, nach der durch die Veredelung eingetretenen Wertsteigerung bemessen. Das gilt auch, wenn die Veredelung in einer Ausbesserung besteht und an Stelle eines ausgebesserten Gegenstands ein Gegenstand eingeführt wird, der ihm nach Menge und Beschaffenheit nachweislich entspricht. Ist der eingeführte Gegenstand vor der Einfuhr geliefert worden und hat diese Lieferung nicht der Umsatzsteuer unterlegen, so gilt Absatz 1.

(3) Dem Betrag nach Absatz 1 oder 2 sind hinzuzurechnen, soweit sie darin nicht enthalten sind:

1. die im Ausland für den eingeführten Gegenstand geschuldeten Beträge an Einfuhrabgaben, Steuern und sonstigen Abgaben;

2. die auf Grund der Einfuhr im Zeitpunkt des Entstehens der Einfuhrumsatzsteuer auf den Gegenstand entfallenden Beträge an Einfuhrabgaben im Sinne des Artikels 4 Nr. 10 der Verordnung (EWG) Nr. 2913/92 des Rates zur Festlegung des Zollkodex der Gemeinschaften vom 12. Oktober 1992

(ABl. EG Nr. L 302 S. 1) in der jeweils geltenden Fassung und an Verbrauchsteuern außer der Einfuhrumsatzsteuer, soweit die Steuern unbedingt entstanden sind;

3.  die auf den Gegenstand entfallenden Kosten für die Vermittlung der Lieferung und die Kosten der Beförderung sowie für andere sonstige Leistungen bis zum ersten Bestimmungsort im Gemeinschaftsgebiet;

4.  die in Nummer 3 bezeichneten Kosten bis zu einem weiteren Bestimmungsort im Gemeinschaftsgebiet, sofern dieser im Zeitpunkt des Entstehens der Einfuhrumsatzsteuer bereits feststeht.

(4) Zur Bemessungsgrundlage gehören nicht Preisermäßigungen und Vergütungen, die sich auf den eingeführten Gegenstand beziehen und die im Zeitpunkt des Entstehens der Einfuhrumsatzsteuer feststehen.

(5) Für die Umrechnung von Werten in fremder Währung gelten die entsprechenden Vorschriften über den Zollwert der Waren, die in Rechtsakten des Rates oder der Kommission der Europäischen Gemeinschaften festgelegt sind.

**Vierter Abschnitt**

**Steuer und Vorsteuer**

**§ 12**

**Steuersätze**

(1) Die Steuer beträgt für jeden steuerpflichtigen Umsatz 19 Prozent der Bemessungsgrundlage (§§ 10, 11, 25 Abs. 3 und § 25a Abs. 3 und 4).

(2) Die Steuer ermäßigt sich auf 7 Prozent für die folgenden Umsätze:

1.  die Lieferungen, die Einfuhr und den innergemeinschaftlichen Erwerb der in der Anlage 2 bezeichneten Gegenstände;

2.  die Vermietung der in der Anlage 2 bezeichneten Gegenstände;

3.  die Aufzucht und das Halten von Vieh, die Anzucht von Pflanzen und die Teilnahme an Leistungsprüfungen für Tiere;

4.  die Leistungen, die unmittelbar der Vatertierhaltung, der Förderung der Tierzucht, der künstlichen Tierbesamung oder der Leistungs- und Qualitätsprüfung in der Tierzucht und in der Milchwirtschaft dienen;

5.  (weggefallen)

6.  die Leistungen aus der Tätigkeit als Zahntechniker sowie die in [8] **§ 4 Nr. 14 Buchstabe a Satz 2** bezeichneten Leistungen der Zahnärzte;

7.  a)   die Eintrittsberechtigung für Theater, Konzerte und Museen sowie die den Theatervorführungen und Konzerten vergleichbaren Darbietungen ausübender Künstler,

    b)   die Überlassung von Filmen zur Auswertung und Vorführung sowie die Filmvorführungen, soweit die Filme nach § 6 Abs. 3 Nr. 1 bis 5 des Gesetzes zum Schutze der Jugend in der Öffentlichkeit oder nach § 14 Abs. 2 Nr. 1 bis 5 des Jugendschutzgesetzes vom 23. Juli 2002 (BGBl. I S. 2730, 2003 I S. 476) in der jeweils geltenden Fassung gekennzeichnet sind oder vor dem 1. Januar 1970 erstaufgeführt wurden,

    c)   die Einräumung, Übertragung und Wahrnehmung von Rechten, die sich aus dem Urheberrechtsgesetz ergeben,

    d)   die Zirkusvorführungen, die Leistungen aus der Tätigkeit als Schausteller sowie die unmittelbar mit dem Betrieb der zoologischen Gärten verbundenen Umsätze;

8.  a)   die Leistungen der Körperschaften, die ausschließlich und unmittelbar gemeinnützige, mildtätige oder kirchliche Zwecke verfolgen (§§ 51 bis 68 der Abgabenordnung). Das gilt nicht für Leistungen, die im Rahmen eines wirtschaftlichen Geschäftsbetriebs ausgeführt werden. Für Leistungen, die im Rahmen eines Zweckbetriebs ausgeführt werden, gilt Satz 1 nur, wenn der Zweckbetrieb nicht in erster Linie der Erzielung zusätzlicher Einnahmen durch die Ausführung von Umsätzen dient, die in unmittelbarem Wettbewerb mit dem allgemeinen Steuersatz unterliegenden Leistungen anderer Unternehmer ausgeführt werden, oder wenn die Körperschaft mit diesen Leistungen ihrer in den §§ 66 bis 68 der Abgabenordnung bezeichneten Zweckbetriebe ihre steuerbegünstigten satzungsmäßigen Zwecke selbst verwirklicht,

---

[8] **gilt ab dem 1. Januar 2009**

b) die Leistungen der nichtrechtsfähigen Personenvereinigungen und Gemeinschaften der in Buchstabe a Satz 1 bezeichneten Körperschaften, wenn diese Leistungen, falls die Körperschaften sie anteilig selbst ausführten, insgesamt nach Buchstabe a ermäßigt besteuert würden;

9. die unmittelbar mit dem Betrieb der Schwimmbäder verbundenen Umsätze sowie die Verabreichung von Heilbädern. Das Gleiche gilt für die Bereitstellung von Kureinrichtungen, soweit als Entgelt eine Kurtaxe zu entrichten ist;

10. die Beförderungen von Personen im Schienenbahnverkehr, im Verkehr mit Oberleitungsomnibussen, im genehmigten Linienverkehr mit Kraftfahrzeugen, im Verkehr mit Taxen, mit Drahtseilbahnen und sonstigen mechanischen Aufstiegshilfen aller Art und im genehmigten Linienverkehr mit Schiffen sowie die Beförderungen im Fährverkehr

a) innerhalb einer Gemeinde oder

b) wenn die Beförderungsstrecke nicht mehr als 50 Kilometer beträgt.*)

-------
*) Siehe § 28 Abs. 4.

# § 13

## Entstehung der Steuer

(1) Die Steuer entsteht

1. für Lieferungen und sonstige Leistungen

a) bei der Berechnung der Steuer nach vereinbarten Entgelten (§ 16 Abs. 1 Satz 1) mit Ablauf des Voranmeldungszeitraums, in dem die Leistungen ausgeführt worden sind. Das gilt auch für Teilleistungen. Sie liegen vor, wenn für bestimmte Teile einer wirtschaftlich teilbaren Leistung das Entgelt gesondert vereinbart wird. Wird das Entgelt oder ein Teil des Entgelts vereinnahmt, bevor die Leistung oder die Teilleistung ausgeführt worden ist, so entsteht insoweit die Steuer mit Ablauf des Voranmeldungszeitraums, in dem das Entgelt oder das Teilentgelt vereinnahmt worden ist,

b) bei der Berechnung der Steuer nach vereinnahmten Entgelten (§ 20) mit Ablauf des Voranmeldungszeitraums, in dem die Entgelte vereinnahmt worden sind,

c) in den Fällen der Beförderungseinzelbesteuerung nach § 16 Abs. 5 in dem Zeitpunkt, in dem der Kraftomnibus in das Inland gelangt,

d) in den Fällen des § 18 Abs. 4c mit Ablauf des Besteuerungszeitraums nach § 16 Abs. 1a Satz 1, in dem die Leistungen ausgeführt worden sind;

2. für Leistungen im Sinne des § 3 Abs. 1b und 9a mit Ablauf des Voranmeldungszeitraums, in dem diese Leistungen ausgeführt worden sind;

3. im Fall des § 14c Abs. 1 in dem Zeitpunkt, in dem die Steuer für die Lieferung oder sonstige Leistung nach Nummer 1 Buchstabe a oder Buchstabe b entsteht, spätestens jedoch im Zeitpunkt der Ausgabe der Rechnung;

4. im Fall des § 14c Abs. 2 im Zeitpunkt der Ausgabe der Rechnung;

5. im Fall des § 17 Abs. 1 Satz 6 mit Ablauf des Voranmeldungszeitraums, in dem die Änderung der Bemessungsgrundlage eingetreten ist;

6. für den innergemeinschaftlichen Erwerb im Sinne des § 1a mit Ausstellung der Rechnung, spätestens jedoch mit Ablauf des dem Erwerb folgenden Kalendermonats;

7. für den innergemeinschaftlichen Erwerb von neuen Fahrzeugen im Sinne des § 1b am Tag des Erwerbs;

8. im Fall des § 6a Abs. 4 Satz 2 in dem Zeitpunkt, in dem die Lieferung ausgeführt wird;

9. im Fall des § 4 Nr. 4a Satz 1 Buchstabe a Satz 2 mit Ablauf des Voranmeldungszeitraums, in dem der Gegenstand aus einem Umsatzsteuerlager ausgelagert wird.

(2) Für die Einfuhrumsatzsteuer gilt § 21 Abs. 2.

(3) (weggefallen)

# § 13a

## Steuerschuldner

(1) Steuerschuldner ist in den Fällen

1.  des § 1 Abs. 1 Nr. 1 und des § 14c Abs. 1 der Unternehmer;

2.  des § 1 Abs. 1 Nr. 5 der Erwerber;

3.  des § 6a Abs. 4 der Abnehmer;

4.  des § 14c Abs. 2 der Aussteller der Rechnung;

5.  des § 25b Abs. 2 der letzte Abnehmer;

6.  des § 4 Nr. 4a Satz 1 Buchstabe a Satz 2 der Unternehmer, dem die Auslagerung zuzurechnen ist (Auslagerer); daneben auch der Lagerhalter als Gesamtschuldner, wenn er entgegen § 22 Abs. 4c Satz 2 die inländische Umsatzsteuer-Identifikationsnummer des Auslagerers oder dessen Fiskalvertreters nicht oder nicht zutreffend aufzeichnet.

(2) Für die Einfuhrumsatzsteuer gilt § 21 Abs. 2.

### gilt bis zum 31. Dezember 2009

## § 13b

## Leistungsempfänger als Steuerschuldner

(1) Für folgende steuerpflichtige Umsätze entsteht die Steuer mit Ausstellung der Rechnung, spätestens jedoch mit Ablauf des der Ausführung der Leistung folgenden Kalendermonats:

1.  Werklieferungen und sonstige Leistungen eines im Ausland ansässigen Unternehmers;

2.  Lieferungen sicherungsübereigneter Gegenstände durch den Sicherungsgeber an den Sicherungsnehmer außerhalb des Insolvenzverfahrens;

3. Umsätze, die unter das Grunderwerbsteuergesetz fallen;

4. Werklieferungen und sonstige Leistungen, die der Herstellung, Instandsetzung, Instandhaltung, Änderung oder Beseitigung von Bauwerken dienen, mit Ausnahme von Planungs- und Überwachungsleistungen. Nummer 1 bleibt unberührt;

5. Lieferungen von Gas und Elektrizität eines im Ausland ansässigen Unternehmers unter den Bedingungen des § 3g.

§ 13 Abs. 1 Nr. 1 Buchstabe a Satz 2 und 3 gilt entsprechend. Wird in den in den Sätzen 1 und 2 genannten Fällen das Entgelt oder ein Teil des Entgelts vereinnahmt, bevor die Leistung oder die Teilleistung ausgeführt worden ist, entsteht insoweit die Steuer mit Ablauf des Voranmeldungszeitraums, in dem das Entgelt oder das Teilentgelt vereinnahmt worden ist.

(2) In den in Absatz 1 Satz 1 Nr. 1 bis 3 genannten Fällen schuldet der Leistungsempfänger die Steuer, wenn er ein Unternehmer oder eine juristische Person des öffentlichen Rechts ist; in den in Absatz 1 Satz 1 Nr. 5 genannten Fällen schuldet der Leistungsempfänger die Steuer, wenn er ein Unternehmer ist. In den in Absatz 1 Satz 1 Nr. 4 Satz 1 genannten Fällen schuldet der Leistungsempfänger die Steuer, wenn er ein Unternehmer ist, der Leistungen im Sinne des Absatzes 1 Satz 1 Nr. 4 Satz 1 erbringt. Die Sätze 1 und 2 gelten auch, wenn die Leistung für den nichtunternehmerischen Bereich bezogen wird. Die Sätze 1 bis 3 gelten nicht, wenn bei dem Unternehmer, der die Umsätze ausführt, die Steuer nach § 19 Abs. 1 nicht erhoben wird.

(3) Die Absätze 1 und 2 finden keine Anwendung, wenn die Leistung des im Ausland ansässigen Unternehmers besteht

1. in einer Personenbeförderung, die der Beförderungseinzelbesteuerung (§ 16 Abs. 5) unterlegen hat,

2. in einer Personenbeförderung, die mit einem Taxi durchgeführt worden ist,

3. in einer grenzüberschreitenden Personenbeförderung im Luftverkehr,

4. in der Einräumung der Eintrittsberechtigung für Messen, Ausstellungen und Kongresse im Inland oder

5. in einer sonstigen Leistung einer Durchführungsgesellschaft an im Ausland ansässige Unternehmer, soweit diese Leistung im Zusammenhang mit der Veranstaltung von Messen und Ausstellungen im Inland steht.

(4) Ein im Ausland ansässiger Unternehmer ist ein Unternehmer, der weder im Inland noch auf der Insel Helgoland oder in einem der in § 1 Abs. 3 bezeichneten Gebiete einen Wohnsitz, seinen Sitz, seine Geschäftsleitung oder eine Zweigniederlassung hat. Maßgebend ist der Zeitpunkt, in dem die Leistung ausgeführt wird. Ist es zweifelhaft, ob der Unternehmer diese Voraussetzungen erfüllt, schuldet der Leistungsempfänger die Steuer nur dann nicht, wenn ihm der Unternehmer durch eine Bescheinigung des nach den abgabenrechtlichen Vorschriften für die Besteuerung seiner Umsätze zuständigen Finanzamts nachweist, dass er kein Unternehmer im Sinne des Satzes 1 ist.

(5) Bei der Berechnung der Steuer sind die §§ 19 und 24 nicht anzuwenden.

(6) Das Bundesministerium der Finanzen kann mit Zustimmung des Bundesrates durch Rechtsverordnung bestimmen, unter welchen Voraussetzungen zur Vereinfachung des Besteuerungsverfahrens in den Fällen, in denen ein anderer als der Leistungsempfänger ein Entgelt gewährt (§ 10 Abs. 1 Satz 3), der andere an Stelle des Leistungsempfängers Steuerschuldner nach Absatz 2 ist.

**gilt ab dem 1. Januar 2010**

**§ 13b**

**Leistungsempfänger als Steuerschuldner**

(1) Für folgende steuerpflichtige Umsätze entsteht die Steuer mit Ausstellung der Rechnung, spätestens jedoch mit Ablauf des der Ausführung der Leistung folgenden Kalendermonats:

1.      Werklieferungen und sonstige Leistungen eines im Ausland ansässigen Unternehmers;

2.      Lieferungen sicherungsübereigneter Gegenstände durch den Sicherungsgeber an den Sicherungsnehmer außerhalb des Insolvenzverfahrens;

3.      Umsätze, die unter das Grunderwerbsteuergesetz fallen;

4.      Werklieferungen und sonstige Leistungen, die der Herstellung, Instandsetzung, Instandhaltung, Änderung oder Beseitigung von Bauwerken dienen, mit Ausnahme von Planungs- und Überwachungsleistungen. Nummer 1 bleibt unberührt;

5.      Lieferungen von Gas und Elektrizität eines im Ausland ansässigen Unternehmers unter den Bedingungen des § 3g.

§ 13 Abs. 1 Nr. 1 Buchstabe a Satz 2 und 3 gilt entsprechend. Wird in den in den Sätzen 1 und 2 genannten Fällen das Entgelt oder ein Teil des Entgelts vereinnahmt, bevor die Leistung oder die Teilleistung ausgeführt worden ist, entsteht insoweit die Steuer mit Ablauf des Voranmeldungszeitraums, in dem das Entgelt oder das Teilentgelt vereinnahmt worden ist.

(2) In den in Absatz 1 Satz 1 Nr. 1 bis 3 genannten Fällen schuldet der Leistungsempfänger die Steuer, wenn er ein Unternehmer oder eine juristische Person des öffentlichen Rechts ist; in den in Absatz 1 Satz 1 Nr. 5 genannten Fällen schuldet der Leistungsempfänger die Steuer, wenn er ein Unternehmer ist. In den in Absatz 1 Satz 1 Nr. 4 Satz 1 genannten Fällen schuldet der Leistungsempfänger die Steuer, wenn er ein Unternehmer ist, der Leistungen im Sinne des Absatzes 1 Satz 1 Nr. 4 Satz 1 erbringt. Die Sätze 1 und 2 gelten auch, wenn die Leistung für den nichtunternehmerischen Bereich bezogen wird. Die Sätze 1 bis 3 gelten nicht, wenn bei dem Unternehmer, der die Umsätze ausführt, die Steuer nach § 19 Abs. 1 nicht erhoben wird.

(3) Die Absätze 1 und 2 finden keine Anwendung, wenn die Leistung des im Ausland ansässigen Unternehmers besteht

1. in einer Personenbeförderung, die der Beförderungseinzelbesteuerung (§ 16 Abs. 5) unterlegen hat,

2. in einer Personenbeförderung, die mit einem Taxi durchgeführt worden ist,

3. in einer grenzüberschreitenden Personenbeförderung im Luftverkehr,

4. in der Einräumung der Eintrittsberechtigung für Messen, Ausstellungen und Kongresse im Inland oder

5. in einer sonstigen Leistung einer Durchführungsgesellschaft an im Ausland ansässige Unternehmer, soweit diese Leistung im Zusammenhang mit der Veranstaltung von Messen und Ausstellungen im Inland steht.

(4) [9]**Ein im Ausland ansässiger Unternehmer im Sinne des Absatzes 1 Satz 1 Nr. 1 und 5 ist ein Unternehmer, der weder im Inland noch auf der Insel Helgoland oder in einem der in § 1 Abs. 3 bezeichneten Gebiete einen Wohnsitz, seinen Sitz, seine Geschäftsleitung oder eine Betriebsstätte hat; hat der Unternehmer im Inland eine Betriebsstätte und führt er einen Umsatz nach Absatz 1 Satz 1 Nr. 1 oder Nr. 5 aus, gilt er hinsichtlich dieses Umsatzes als im Ausland ansässig, wenn der Umsatz nicht von der Betriebsstätte ausgeführt wird.** Maßgebend ist der Zeitpunkt, in dem die Leistung ausgeführt wird. Ist es zweifelhaft, ob der Unternehmer diese Voraussetzungen erfüllt, schuldet der Leistungsempfänger die Steuer nur dann nicht, wenn ihm der Unternehmer durch eine Bescheinigung des nach den

---

[9] **gilt ab dem 1. Januar 2010**

abgabenrechtlichen Vorschriften für die Besteuerung seiner Umsätze zuständigen Finanzamts nachweist, dass er kein Unternehmer im Sinne des Satzes 1 ist.

(5) Bei der Berechnung der Steuer sind die §§ 19 und 24 nicht anzuwenden.

(6) Das Bundesministerium der Finanzen kann mit Zustimmung des Bundesrates durch Rechtsverordnung bestimmen, unter welchen Voraussetzungen zur Vereinfachung des Besteuerungsverfahrens in den Fällen, in denen ein anderer als der Leistungsempfänger ein Entgelt gewährt (§ 10 Abs. 1 Satz 3), der andere an Stelle des Leistungsempfängers Steuerschuldner nach Absatz 2 ist.

# § 13c

## Haftung bei Abtretung, Verpfändung oder Pfändung von Forderungen

(1) Soweit der leistende Unternehmer den Anspruch auf die Gegenleistung für einen steuerpflichtigen Umsatz im Sinne des § 1 Abs. 1 Nr. 1 an einen anderen Unternehmer abgetreten und die festgesetzte Steuer, bei deren Berechnung dieser Umsatz berücksichtigt worden ist, bei Fälligkeit nicht oder nicht vollständig entrichtet hat, haftet der Abtretungsempfänger nach Maßgabe des Absatzes 2 für die in der Forderung enthaltene Umsatzsteuer, soweit sie im vereinnahmten Betrag enthalten ist. Ist die Vollziehung der Steuerfestsetzung in Bezug auf die in der abgetretenen Forderung enthaltene Umsatzsteuer gegenüber dem leistenden Unternehmer ausgesetzt, gilt die Steuer insoweit als nicht fällig. Soweit der Abtretungsempfänger die Forderung an einen Dritten abgetreten hat, gilt sie in voller Höhe als vereinnahmt.

(2) Der Abtretungsempfänger ist ab dem Zeitpunkt in Anspruch zu nehmen, in dem die festgesetzte Steuer fällig wird, frühestens ab dem Zeitpunkt der Vereinnahmung der abgetretenen Forderung. Bei der Inanspruchnahme nach Satz 1 besteht abweichend von § 191 der Abgabenordnung kein Ermessen. Die Haftung ist der Höhe nach begrenzt auf die im Zeitpunkt der Fälligkeit nicht entrichtete Steuer. Soweit der Abtretungsempfänger auf die nach Absatz 1 Satz 1 festgesetzte Steuer Zahlungen im Sinne des § 48 der Abgabenordnung geleistet hat, haftet er nicht.

(3) Die Absätze 1 und 2 gelten bei der Verpfändung oder der Pfändung von Forderungen entsprechend. An die Stelle des Abtretungsempfängers tritt im Fall der Verpfändung der Pfandgläubiger und im Fall der Pfändung der Vollstreckungsgläubiger.

## § 13d

(aufgehoben zum 1. Januar 2008)

## § 14

## Ausstellung von Rechnungen

(1) Rechnung ist jedes Dokument, mit dem über eine Lieferung oder sonstige Leistung abgerechnet wird, gleichgültig, wie dieses Dokument im Geschäftsverkehr bezeichnet wird. Rechnungen sind auf Papier oder vorbehaltlich der Zustimmung des Empfängers auf elektronischem Weg zu übermitteln.

(2) Führt der Unternehmer eine Lieferung oder eine sonstige Leistung nach § 1 Abs. 1 Nr. 1 aus, gilt Folgendes:

1. führt der Unternehmer eine steuerpflichtige Werklieferung (§ 3 Abs. 4 Satz 1) oder sonstige Leistung im Zusammenhang mit einem Grundstück aus, ist er verpflichtet, innerhalb von sechs Monaten nach Ausführung der Leistung eine Rechnung auszustellen;

[10]2. **führt der Unternehmer eine andere als die in Nummer 1 genannte Leistung aus, ist er berechtigt, eine Rechnung auszustellen. Soweit er einen Umsatz an einen anderen Unternehmer für dessen Unternehmen oder an eine juristische Person, die nicht Unternehmer ist, ausführt, ist er verpflichtet, innerhalb von sechs Monaten nach Ausführung der Leistung eine Rechnung auszustellen. Eine Verpflichtung zur Ausstellung einer Rechnung besteht nicht, wenn der Umsatz nach § 4 Nr. 8 bis 28 steuerfrei ist. § 14a bleibt unberührt.**

Unbeschadet der Verpflichtungen nach Satz 1 Nr. 1 und 2 Satz 2 kann eine Rechnung von einem in Satz 1 Nr. 2 bezeichneten Leistungsempfänger für eine Lieferung oder sonstige Leistung des Unternehmers ausgestellt werden, sofern dies vorher vereinbart wurde (Gutschrift). Die Gutschrift verliert die Wirkung einer Rechnung, sobald der Empfänger der Gutschrift dem ihm übermittelten Dokument widerspricht. Eine Rechnung kann im Namen und für Rechnung des Unternehmers oder eines in Satz 1 Nr. 2 bezeichneten Leistungsempfängers von einem Dritten ausgestellt werden.

---

[10] **gilt ab dem 1. Januar 2009; zur Anwendung s. § 27 Abs. 15**

(3) Bei einer auf elektronischem Weg übermittelten Rechnung müssen die Echtheit der Herkunft und die Unversehrtheit des Inhalts gewährleistet sein durch

1. eine qualifizierte elektronische Signatur oder eine qualifizierte elektronische Signatur mit Anbieter-Akkreditierung nach dem Signaturgesetz vom 16. Mai 2001 (BGBl. I S. 876), das durch Artikel 2 des Gesetzes vom 16. Mai 2001 (BGBl. I S. 876) geändert worden ist, in der jeweils geltenden Fassung, oder

**[11]2. elektronischen Datenaustausch (EDI) nach Artikel 2 der Empfehlung 94/820/EG der Kommission vom 19. Oktober 1994 über die rechtlichen Aspekte des elektronischen Datenaustausches (ABl. EG Nr. L 338 S. 98), wenn in der Vereinbarung über diesen Datenaustausch der Einsatz von Verfahren vorgesehen ist, die die Echtheit der Herkunft und die Unversehrtheit der Daten gewährleisten.**

(4) Eine Rechnung muss folgende Angaben enthalten:

1. den vollständigen Namen und die vollständige Anschrift des leistenden Unternehmers und des Leistungsempfängers,

2. die dem leistenden Unternehmer vom Finanzamt erteilte Steuernummer oder die ihm vom Bundeszentralamt für Steuern erteilte Umsatzsteuer-Identifikationsnummer,

3. das Ausstellungsdatum,

4. eine fortlaufende Nummer mit einer oder mehreren Zahlenreihen, die zur Identifizierung der Rechnung vom Rechnungsaussteller einmalig vergeben wird (Rechnungsnummer),

5. die Menge und die Art (handelsübliche Bezeichnung) der gelieferten Gegenstände oder den Umfang und die Art der sonstigen Leistung,

6. den Zeitpunkt der Lieferung oder sonstigen Leistung; in den Fällen des Absatzes 5 Satz 1 den Zeitpunkt der Vereinnahmung des Entgelts oder eines Teils des Entgelts, sofern der Zeitpunkt der Vereinnahmung feststeht und nicht mit dem Ausstellungsdatum der Rechnung übereinstimmt,

7. das nach Steuersätzen und einzelnen Steuerbefreiungen aufgeschlüsselte Entgelt für die Lieferung oder sonstige Leistung (§ 10) sowie jede im Voraus vereinbarte Minderung des Entgelts, sofern sie nicht bereits im Entgelt berücksichtigt ist,

---

[11] gilt ab dem 1. Januar 2009; zur Anwendung s. § 27 Abs. 15

8.  den anzuwendenden Steuersatz sowie den auf das Entgelt entfallenden Steuerbetrag oder im Fall einer Steuerbefreiung einen Hinweis darauf, dass für die Lieferung oder sonstige Leistung eine Steuerbefreiung gilt, und

9.  in den Fällen des § 14b Abs. 1 Satz 5 einen Hinweis auf die Aufbewahrungspflicht des Leistungsempfängers.

In den Fällen des § 10 Abs. 5 sind die Nummern 7 und 8 mit der Maßgabe anzuwenden, dass die Bemessungsgrundlage für die Leistung (§ 10 Abs. 4) und der darauf entfallende Steuerbetrag anzugeben sind. Unternehmer, die § 24 Abs. 1 bis 3 anwenden, sind jedoch auch in diesen Fällen nur zur Angabe des Entgelts und des darauf entfallenden Steuerbetrags berechtigt.

(5) Vereinnahmt der Unternehmer das Entgelt oder einen Teil des Entgelts für eine noch nicht ausgeführte Lieferung oder sonstige Leistung, gelten die Absätze 1 bis 4 sinngemäß. Wird eine Endrechnung erteilt, sind in ihr die vor Ausführung der Lieferung oder sonstigen Leistung vereinnahmten Teilentgelte und die auf sie entfallenden Steuerbeträge abzusetzen, wenn über die Teilentgelte Rechnungen im Sinne der Absätze 1 bis 4 ausgestellt worden sind.

(6) Das Bundesministerium der Finanzen kann mit Zustimmung des Bundesrates zur Vereinfachung des Besteuerungsverfahrens durch Rechtsverordnung bestimmen, in welchen Fällen und unter welchen Voraussetzungen

1.  Dokumente als Rechnungen anerkannt werden können,

2.  die nach Absatz 4 erforderlichen Angaben in mehreren Dokumenten enthalten sein können,

3.  Rechnungen bestimmte Angaben nach Absatz 4 nicht enthalten müssen,

4.  eine Verpflichtung des Unternehmers zur Ausstellung von Rechnungen mit gesondertem Steuerausweis (Absatz 4) entfällt oder

5.  Rechnungen berichtigt werden können.

## § 14a

### Zusätzliche Pflichten bei der Ausstellung von Rechnungen in besonderen Fällen

(1) Führt der Unternehmer eine sonstige Leistung im Sinne des § 3a Abs. 2 Nr. 3 Buchstabe c Satz 2 und Nr. 4 Satz 2 oder des § 3b Abs. 3 Satz 2, Abs. 4, 5 Satz 2 und Abs. 6 Satz 2 im Inland aus, ist er zur Ausstellung einer Rechnung verpflichtet, in der auch die Umsatzsteuer-Identifikationsnummer des Unternehmers und die des Leistungsempfängers anzugeben sind.

(2) Führt der Unternehmer eine Lieferung im Sinne des § 3c im Inland aus, ist er zur Ausstellung einer Rechnung verpflichtet.

(3) Führt der Unternehmer eine innergemeinschaftliche Lieferung aus, ist er zur Ausstellung einer Rechnung verpflichtet. Darin sind auch die Umsatzsteuer-Identifikationsnummer des Unternehmers und die des Leistungsempfängers anzugeben. Satz 1 gilt auch für Fahrzeuglieferer (§ 2a). Satz 2 gilt nicht in den Fällen der §§ 1b und 2a.

(4) Eine Rechnung über die innergemeinschaftliche Lieferung eines neuen Fahrzeugs muss auch die in § 1b Abs. 2 und 3 bezeichneten Merkmale enthalten. Das gilt auch in den Fällen des § 2a.

(5) Führt der Unternehmer eine Leistung im Sinne des § 13b Abs. 1 aus, für die der Leistungsempfänger nach § 13b Abs. 2 die Steuer schuldet, ist er zur Ausstellung einer Rechnung verpflichtet. In der Rechnung ist auch auf die Steuerschuldnerschaft des Leistungsempfängers hinzuweisen. Die Vorschrift über den gesonderten Steuerausweis in einer Rechnung (§ 14 Abs. 4 Satz 1 Nr. 8) findet keine Anwendung.

(6) In den Fällen der Besteuerung von Reiseleistungen (§ 25) und der Differenzbesteuerung (§ 25a) ist in der Rechnung auch auf die Anwendung dieser Sonderregelungen hinzuweisen. In den Fällen des § 25 Abs. 3 und des § 25a Abs. 3 und 4 findet die Vorschrift über den gesonderten Steuerausweis in einer Rechnung (§ 14 Abs. 4 Satz 1 Nr. 8) keine Anwendung.

(7) Wird in einer Rechnung über eine Lieferung im Sinne des § 25b Abs. 2 abgerechnet, ist auch auf das Vorliegen eines innergemeinschaftlichen Dreiecksgeschäfts und die Steuerschuldnerschaft des letzten Abnehmers hinzuweisen. Dabei sind die Umsatzsteuer-Identifikationsnummer des Unternehmers und die des Leistungsempfängers anzugeben. Die Vorschrift über den gesonderten Steuerausweis in einer Rechnung (§ 14 Abs. 4 Satz 1 Nr. 8) findet keine Anwendung.

## § 14a

### Zusätzliche Pflichten bei der Ausstellung von Rechnungen in besonderen Fällen

[12](1) **Führt der Unternehmer eine sonstige Leistung im Sinne des § 3a Abs. 2 im Inland aus und schuldet für diese Leistung der Leistungsempfänger die Steuer nach § 13b Abs. 1 Satz 1 Nr. 1 und Abs. 2 Satz 1, ist er zur Ausstellung einer Rechnung verpflichtet, in der auch die Umsatzsteuer-Identifikationsnummer des Unternehmers und die des Leistungsempfängers anzugeben sind.**

(2) Führt der Unternehmer eine Lieferung im Sinne des § 3c im Inland aus, ist er zur Ausstellung einer Rechnung verpflichtet.

(3) Führt der Unternehmer eine innergemeinschaftliche Lieferung aus, ist er zur Ausstellung einer Rechnung verpflichtet. Darin sind auch die Umsatzsteuer-Identifikationsnummer des Unternehmers und die des Leistungsempfängers anzugeben. Satz 1 gilt auch für Fahrzeuglieferer (§ 2a). Satz 2 gilt nicht in den Fällen der §§ 1b und 2a.

(4) Eine Rechnung über die innergemeinschaftliche Lieferung eines neuen Fahrzeugs muss auch die in § 1b Abs. 2 und 3 bezeichneten Merkmale enthalten. Das gilt auch in den Fällen des § 2a.

(5) Führt der Unternehmer eine Leistung im Sinne des § 13b Abs. 1 aus, für die der Leistungsempfänger nach § 13b Abs. 2 die Steuer schuldet, ist er zur Ausstellung einer Rechnung verpflichtet. In der Rechnung ist auch auf die Steuerschuldnerschaft des Leistungsempfängers hinzuweisen. Die Vorschrift über den gesonderten Steuerausweis in einer Rechnung (§ 14 Abs. 4 Satz 1 Nr. 8) findet keine Anwendung.

(6) In den Fällen der Besteuerung von Reiseleistungen (§ 25) und der Differenzbesteuerung (§ 25a) ist in der Rechnung auch auf die Anwendung dieser Sonderregelungen hinzuweisen. In den Fällen des § 25 Abs. 3 und des § 25a Abs. 3 und 4 findet die Vorschrift über den gesonderten Steuerausweis in einer Rechnung (§ 14 Abs. 4 Satz 1 Nr. 8) keine Anwendung.

(7) Wird in einer Rechnung über eine Lieferung im Sinne des § 25b Abs. 2 abgerechnet, ist auch auf das Vorliegen eines innergemeinschaftlichen Dreiecksgeschäfts und die Steuerschuldnerschaft des letzten Abnehmers hinzuweisen. Dabei sind die Umsatzsteuer-Identifikationsnummer des Unternehmers und die des Leistungsempfängers anzugeben. Die Vorschrift über den gesonderten Steuerausweis in einer Rechnung (§ 14 Abs. 4 Satz 1 Nr. 8) findet keine Anwendung.

---

[12] **gilt ab dem 1. Januar 2010**

## § 14b

### Aufbewahrung von Rechnungen

(1) Der Unternehmer hat ein Doppel der Rechnung, die er selbst oder ein Dritter in seinem Namen und für seine Rechnung ausgestellt hat, sowie alle Rechnungen, die er erhalten oder die ein Leistungsempfänger oder in dessen Namen und für dessen Rechnung ein Dritter ausgestellt hat, zehn Jahre aufzubewahren. Die Rechnungen müssen für den gesamten Zeitraum lesbar sein. Die Aufbewahrungsfrist beginnt mit dem Schluss des Kalenderjahres, in dem die Rechnung ausgestellt worden ist; § 147 Abs. 3 der Abgabenordnung bleibt unberührt. Die Sätze 1 bis 3 gelten auch

1.  für Fahrzeuglieferer (§ 2a);

2.  in den Fällen, in denen der letzte Abnehmer die Steuer nach § 13a Abs. 1 Nr. 5 schuldet, für den letzten Abnehmer;

3.  in den Fällen, in denen der Leistungsempfänger die Steuer nach § 13b Abs. 2 schuldet, für den Leistungsempfänger.

In den Fällen des § 14 Abs. 2 Satz 1 Nr. 1 hat der Leistungsempfänger die Rechnung, einen Zahlungsbeleg oder eine andere beweiskräftige Unterlage zwei Jahre gemäß den Sätzen 2 und 3 aufzubewahren, soweit er

1.  nicht Unternehmer ist oder

2.  Unternehmer ist, aber die Leistung für seinen nichtunternehmerischen Bereich verwendet.

(2) Der im Inland oder in einem der in § 1 Abs. 3 bezeichneten Gebiete ansässige Unternehmer hat alle Rechnungen im Inland oder in einem der in § 1 Abs. 3 bezeichneten Gebiete aufzubewahren. Handelt es sich um eine elektronische Aufbewahrung, die eine vollständige Fernabfrage (Online-Zugriff) der betreffenden Daten und deren Herunterladen und Verwendung gewährleistet, darf der Unternehmer die Rechnungen auch im übrigen Gemeinschaftsgebiet, in einem der in § 1 Abs. 3 bezeichneten Gebiete, im Gebiet von Büsingen oder auf der Insel Helgoland aufbewahren. Der Unternehmer hat dem Finanzamt den Aufbewahrungsort mitzuteilen, wenn er die Rechnungen nicht im Inland oder in einem der in § 1 Abs. 3 bezeichneten Gebiete aufbewahrt. Der nicht im Inland oder in einem der in § 1 Abs. 3 bezeichneten Gebiete ansässige Unternehmer hat den Aufbewahrungsort der nach Absatz 1 aufzubewahrenden Rechnungen im Gemeinschaftsgebiet, in den in § 1 Abs. 3 bezeichneten Gebieten, im Gebiet von Büsingen oder auf der Insel Helgoland zu bestimmen. In diesem Fall ist er verpflichtet, dem Finanzamt auf dessen Verlangen alle aufzubewahrenden Rechnungen und

Daten oder die an deren Stelle tretenden Bild- und Datenträger unverzüglich zur Verfügung zu stellen. Kommt er dieser Verpflichtung nicht oder nicht rechtzeitig nach, kann das Finanzamt verlangen, dass er die Rechnungen im Inland oder in einem der in § 1 Abs. 3 bezeichneten Gebiete aufbewahrt.

(3) Ein im Inland oder in einem der in § 1 Abs. 3 bezeichneten Gebiete ansässiger Unternehmer ist ein Unternehmer, der in einem dieser Gebiete einen Wohnsitz, seinen Sitz, seine Geschäftsleitung oder eine Zweigniederlassung hat.

(4) Bewahrt ein Unternehmer die Rechnungen im übrigen Gemeinschaftsgebiet elektronisch auf, können die zuständigen Finanzbehörden die Rechnungen für Zwecke der Umsatzsteuerkontrolle über Online-Zugriff einsehen, herunterladen und verwenden. Es muss sichergestellt sein, dass die zuständigen Finanzbehörden die Rechnungen unverzüglich über Online-Zugriff einsehen, herunterladen und verwenden können.

[13](5) **Will der Unternehmer die Rechnungen außerhalb des Gemeinschaftsgebiets elektronisch aufbewahren, gilt § 146 Abs. 2a der Abgabenordnung.**

## § 14c

### Unrichtiger oder unberechtigter Steuerausweis

(1) Hat der Unternehmer in einer Rechnung für eine Lieferung oder sonstige Leistung einen höheren Steuerbetrag, als er nach diesem Gesetz für den Umsatz schuldet, gesondert ausgewiesen (unrichtiger Steuerausweis), schuldet er auch den Mehrbetrag. Berichtigt er den Steuerbetrag gegenüber dem Leistungsempfänger, ist § 17 Abs. 1 entsprechend anzuwenden. In den Fällen des § 1 Abs. 1a und in den Fällen der Rückgängigmachung des Verzichts auf die Steuerbefreiung nach § 9 gilt Absatz 2 Satz 3 bis 5 entsprechend.

(2) Wer in einer Rechnung einen Steuerbetrag gesondert ausweist, obwohl er zum gesonderten Ausweis der Steuer nicht berechtigt ist (unberechtigter Steuerausweis), schuldet den ausgewiesenen Betrag. Das Gleiche gilt, wenn jemand wie ein leistender Unternehmer abrechnet und einen Steuerbetrag gesondert ausweist, obwohl er nicht Unternehmer ist oder eine Lieferung oder sonstige Leistung nicht ausführt. Der nach den Sätzen 1 und 2 geschuldete Steuerbetrag kann berichtigt werden, soweit die Gefährdung des Steueraufkommens beseitigt worden ist. Die Gefährdung des Steueraufkommens ist beseitigt, wenn ein Vorsteuerabzug beim Empfänger der Rechnung nicht durchgeführt oder die geltend gemachte Vorsteuer an die Finanzbehörde zurückgezahlt worden ist. Die Berichtigung des geschuldeten Steuerbetrags ist beim Finanzamt gesondert schriftlich zu beantragen und nach dessen Zustimmung in entsprechender Anwendung

---

[13] **gilt ab dem 25. Dezember 2008**

des § 17 Abs. 1 für den Besteuerungszeitraum vorzunehmen, in dem die Voraussetzungen des Satzes 4 eingetreten sind.

**gilt bis zum 31. Dezember 2009**

## § 15

### Vorsteuerabzug

(1) Der Unternehmer kann die folgenden Vorsteuerbeträge abziehen:

1.  die gesetzlich geschuldete Steuer für Lieferungen und sonstige Leistungen, die von einem anderen Unternehmer für sein Unternehmen ausgeführt worden sind. Die Ausübung des Vorsteuerabzugs setzt voraus, dass der Unternehmer eine nach den §§ 14, 14a ausgestellte Rechnung besitzt. Soweit der gesondert ausgewiesene Steuerbetrag auf eine Zahlung vor Ausführung dieser Umsätze entfällt, ist er bereits abziehbar, wenn die Rechnung vorliegt und die Zahlung geleistet worden ist;

2.  die entrichtete Einfuhrumsatzsteuer für Gegenstände, die für sein Unternehmen nach § 1 Abs. 1 Nr. 4 eingeführt worden sind;

3.  die Steuer für den innergemeinschaftlichen Erwerb von Gegenständen für sein Unternehmen;

4.  die Steuer für Leistungen im Sinne des § 13b Abs. 1, die für sein Unternehmen ausgeführt worden sind. Soweit die Steuer auf eine Zahlung vor Ausführung dieser Leistungen entfällt, ist sie abziehbar, wenn die Zahlung geleistet worden ist;

5.  die nach § 13a Abs. 1 Nr. 6 geschuldete Steuer für Umsätze, die für sein Unternehmen ausgeführt worden sind.

Nicht als für das Unternehmen ausgeführt gilt die Lieferung, die Einfuhr oder der innergemeinschaftliche Erwerb eines Gegenstands, den der Unternehmer zu weniger als 10 Prozent für sein Unternehmen nutzt.

(1a) Nicht abziehbar sind Vorsteuerbeträge, die auf Aufwendungen, für die das Abzugsverbot des § 4 Abs. 5 Satz 1 Nr. 1 bis 4, 7, oder des § 12 Nr. 1 des Einkommensteuergesetzes gilt, entfallen. Dies gilt nicht für Bewirtungsaufwendungen, soweit § 4 Abs. 5 Satz 1 des Einkommensteuergesetzes einen Abzug angemessener und nachgewiesener Aufwendungen ausschließt.

(1b) (weggefallen)

(2) Vom Vorsteuerabzug ausgeschlossen ist die Steuer für die Lieferungen, die Einfuhr und den innergemeinschaftlichen Erwerb von Gegenständen sowie für die sonstigen Leistungen, die der Unternehmer zur Ausführung folgender Umsätze verwendet:

1.  steuerfreie Umsätze;

2.  Umsätze im Ausland, die steuerfrei wären, wenn sie im Inland ausgeführt würden.

3.  (aufgehoben)

Gegenstände oder sonstige Leistungen, die der Unternehmer zur Ausführung einer Einfuhr oder eines innergemeinschaftlichen Erwerbs verwendet, sind den Umsätzen zuzurechnen, für die der eingeführte oder innergemeinschaftlich erworbene Gegenstand verwendet wird.

(3) Der Ausschluss vom Vorsteuerabzug nach Absatz 2 tritt nicht ein, wenn die Umsätze

1.  in den Fällen des Absatzes 2 Satz 1 Nr. 1

    a)  nach § 4 Nr. 1 bis 7, § 25 Abs. 2 oder nach den in § 26 Abs. 5 bezeichneten Vorschriften steuerfrei sind oder

    b)  nach § 4 Nr. 8 Buchstabe a bis g oder Nr. 10 Buchstabe a steuerfrei sind und sich unmittelbar auf Gegenstände beziehen, die in das Drittlandsgebiet ausgeführt werden;

2.  in den Fällen des Absatzes 2 Satz 1 Nr. 2

    a)  nach § 4 Nr. 1 bis 7, § 25 Abs. 2 oder nach den in § 26 Abs. 5 bezeichneten Vorschriften steuerfrei wären oder

    b)  nach § 4 Nr. 8 Buchstabe a bis g oder Nr. 10 Buchstabe a steuerfrei wären und der Leistungsempfänger im Drittlandsgebiet ansässig ist.

(4) Verwendet der Unternehmer einen für sein Unternehmen gelieferten, eingeführten oder innergemeinschaftlich erworbenen Gegenstand oder eine von ihm in Anspruch genommene sonstige Leistung nur zum Teil zur Ausführung von Umsätzen, die den Vorsteuerabzug ausschließen, so ist der Teil der jeweiligen Vorsteuerbeträge nicht abziehbar, der den zum Ausschluss vom Vorsteuerabzug führenden Umsätzen wirtschaftlich zuzurechnen ist. Der Unternehmer kann die nicht abziehbaren Teilbeträge im Wege einer sachgerechten Schätzung ermitteln. Eine Ermittlung des nicht abziehbaren Teils der Vorsteuerbeträge

nach dem Verhältnis der Umsätze, die den Vorsteuerabzug ausschließen, zu den Umsätzen, die zum Vorsteuerabzug berechtigen, ist nur zulässig, wenn keine andere wirtschaftliche Zurechnung möglich ist.

(4a) Für Fahrzeuglieferer (§ 2a) gelten folgende Einschränkungen des Vorsteuerabzugs:

1. Abziehbar ist nur die auf die Lieferung, die Einfuhr oder den innergemeinschaftlichen Erwerb des neuen Fahrzeugs entfallende Steuer.

2. Die Steuer kann nur bis zu dem Betrag abgezogen werden, der für die Lieferung des neuen Fahrzeugs geschuldet würde, wenn die Lieferung nicht steuerfrei wäre.

3. Die Steuer kann erst in dem Zeitpunkt abgezogen werden, in dem der Fahrzeuglieferer die innergemeinschaftliche Lieferung des neuen Fahrzeugs ausführt.

(4b) Für Unternehmer, die nicht im Gemeinschaftsgebiet ansässig sind und die nur Steuer nach § 13b Abs. 2 schulden, gelten die Einschränkungen des § 18 Abs. 9 Satz 6 und 7 entsprechend.

(5) Das Bundesministerium der Finanzen kann mit Zustimmung des Bundesrates durch Rechtsverordnung nähere Bestimmungen darüber treffen,

1. in welchen Fällen und unter welchen Voraussetzungen zur Vereinfachung des Besteuerungsverfahrens für den Vorsteuerabzug auf eine Rechnung im Sinne des § 14 oder auf einzelne Angaben in der Rechnung verzichtet werden kann,

2. unter welchen Voraussetzungen, für welchen Besteuerungszeitraum und in welchem Umfang zur Vereinfachung oder zur Vermeidung von Härten in den Fällen, in denen ein anderer als der Leistungsempfänger ein Entgelt gewährt (§ 10 Abs. 1 Satz 3), der andere den Vorsteuerabzug in Anspruch nehmen kann, und

3. wann in Fällen von geringer steuerlicher Bedeutung zur Vereinfachung oder zur Vermeidung von Härten bei der Aufteilung der Vorsteuerbeträge (Absatz 4) Umsätze, die den Vorsteuerabzug ausschließen, unberücksichtigt bleiben können oder von der Zurechnung von Vorsteuerbeträgen zu diesen Umsätzen abgesehen werden kann.

## § 15

### Vorsteuerabzug

(1) Der Unternehmer kann die folgenden Vorsteuerbeträge abziehen:

1.  die gesetzlich geschuldete Steuer für Lieferungen und sonstige Leistungen, die von einem anderen Unternehmer für sein Unternehmen ausgeführt worden sind. Die Ausübung des Vorsteuerabzugs setzt voraus, dass der Unternehmer eine nach den §§ 14, 14a ausgestellte Rechnung besitzt. Soweit der gesondert ausgewiesene Steuerbetrag auf eine Zahlung vor Ausführung dieser Umsätze entfällt, ist er bereits abziehbar, wenn die Rechnung vorliegt und die Zahlung geleistet worden ist;

2.  die entrichtete Einfuhrumsatzsteuer für Gegenstände, die für sein Unternehmen nach § 1 Abs. 1 Nr. 4 eingeführt worden sind;

3.  die Steuer für den innergemeinschaftlichen Erwerb von Gegenständen für sein Unternehmen;

4.  die Steuer für Leistungen im Sinne des § 13b Abs. 1, die für sein Unternehmen ausgeführt worden sind. Soweit die Steuer auf eine Zahlung vor Ausführung dieser Leistungen entfällt, ist sie abziehbar, wenn die Zahlung geleistet worden ist;

5.  die nach § 13a Abs. 1 Nr. 6 geschuldete Steuer für Umsätze, die für sein Unternehmen ausgeführt worden sind.

Nicht als für das Unternehmen ausgeführt gilt die Lieferung, die Einfuhr oder der innergemeinschaftliche Erwerb eines Gegenstands, den der Unternehmer zu weniger als 10 Prozent für sein Unternehmen nutzt.

(1a) Nicht abziehbar sind Vorsteuerbeträge, die auf Aufwendungen, für die das Abzugsverbot des § 4 Abs. 5 Satz 1 Nr. 1 bis 4, 7, oder des § 12 Nr. 1 des Einkommensteuergesetzes gilt, entfallen. Dies gilt nicht für Bewirtungsaufwendungen, soweit § 4 Abs. 5 Satz 1 des Einkommensteuergesetzes einen Abzug angemessener und nachgewiesener Aufwendungen ausschließt.

(1b) (weggefallen)

(2) Vom Vorsteuerabzug ausgeschlossen ist die Steuer für die Lieferungen, die Einfuhr und den innergemeinschaftlichen Erwerb von Gegenständen sowie für die sonstigen Leistungen, die der Unternehmer zur Ausführung folgender Umsätze verwendet:

1. steuerfreie Umsätze;

2. Umsätze im Ausland, die steuerfrei wären, wenn sie im Inland ausgeführt würden.

3. (aufgehoben)

Gegenstände oder sonstige Leistungen, die der Unternehmer zur Ausführung einer Einfuhr oder eines innergemeinschaftlichen Erwerbs verwendet, sind den Umsätzen zuzurechnen, für die der eingeführte oder innergemeinschaftlich erworbene Gegenstand verwendet wird.

(3) Der Ausschluss vom Vorsteuerabzug nach Absatz 2 tritt nicht ein, wenn die Umsätze

1. in den Fällen des Absatzes 2 Satz 1 Nr. 1

   a) nach § 4 Nr. 1 bis 7, § 25 Abs. 2 oder nach den in § 26 Abs. 5 bezeichneten Vorschriften steuerfrei sind oder

   b) nach § 4 Nr. 8 Buchstabe a bis g oder Nr. 10 Buchstabe a steuerfrei sind und sich unmittelbar auf Gegenstände beziehen, die in das Drittlandsgebiet ausgeführt werden;

2. in den Fällen des Absatzes 2 Satz 1 Nr. 2

   a) nach § 4 Nr. 1 bis 7, § 25 Abs. 2 oder nach den in § 26 Abs. 5 bezeichneten Vorschriften steuerfrei wären oder

   b) nach § 4 Nr. 8 Buchstabe a bis g oder Nr. 10 Buchstabe a steuerfrei wären und der Leistungsempfänger im Drittlandsgebiet ansässig ist.

(4) Verwendet der Unternehmer einen für sein Unternehmen gelieferten, eingeführten oder innergemeinschaftlich erworbenen Gegenstand oder eine von ihm in Anspruch genommene sonstige Leistung nur zum Teil zur Ausführung von Umsätzen, die den Vorsteuerabzug ausschließen, so ist der Teil der jeweiligen Vorsteuerbeträge nicht abziehbar, der den zum Ausschluss vom Vorsteuerabzug führenden Umsätzen wirtschaftlich zuzurechnen ist. Der Unternehmer kann die nicht abziehbaren Teilbeträge im Wege einer sachgerechten Schätzung ermitteln. Eine Ermittlung des nicht abziehbaren Teils der Vorsteuerbeträge nach dem Verhältnis der Umsätze, die den Vorsteuerabzug ausschließen, zu den Umsätzen, die zum Vorsteuerabzug berechtigen, ist nur zulässig, wenn keine andere wirtschaftliche Zurechnung möglich ist.

(4a) Für Fahrzeuglieferer (§ 2a) gelten folgende Einschränkungen des Vorsteuerabzugs:

1. Abziehbar ist nur die auf die Lieferung, die Einfuhr oder den innergemeinschaftlichen Erwerb des neuen Fahrzeugs entfallende Steuer.

2. Die Steuer kann nur bis zu dem Betrag abgezogen werden, der für die Lieferung des neuen Fahrzeugs geschuldet würde, wenn die Lieferung nicht steuerfrei wäre.

3. Die Steuer kann erst in dem Zeitpunkt abgezogen werden, in dem der Fahrzeuglieferer die innergemeinschaftliche Lieferung des neuen Fahrzeugs ausführt.

(4b) Für Unternehmer, die nicht im Gemeinschaftsgebiet ansässig sind und die nur Steuer nach § 13b Abs. 2 schulden, gelten die Einschränkungen des [14]**§ 18 Abs. 9 Sätze 4 und 5** entsprechend.

(5) Das Bundesministerium der Finanzen kann mit Zustimmung des Bundesrates durch Rechtsverordnung nähere Bestimmungen darüber treffen,

1. in welchen Fällen und unter welchen Voraussetzungen zur Vereinfachung des Besteuerungsverfahrens für den Vorsteuerabzug auf eine Rechnung im Sinne des § 14 oder auf einzelne Angaben in der Rechnung verzichtet werden kann,

2. unter welchen Voraussetzungen, für welchen Besteuerungszeitraum und in welchem Umfang zur Vereinfachung oder zur Vermeidung von Härten in den Fällen, in denen ein anderer als der Leistungsempfänger ein Entgelt gewährt (§ 10 Abs. 1 Satz 3), der andere den Vorsteuerabzug in Anspruch nehmen kann, und

3. wann in Fällen von geringer steuerlicher Bedeutung zur Vereinfachung oder zur Vermeidung von Härten bei der Aufteilung der Vorsteuerbeträge (Absatz 4) Umsätze, die den Vorsteuerabzug ausschließen, unberücksichtigt bleiben können oder von der Zurechnung von Vorsteuerbeträgen zu diesen Umsätzen abgesehen werden kann.

---

[14] **gilt ab dem 1. Januar 2010**

# § 15a

## Berichtigung des Vorsteuerabzugs

(1) Ändern sich bei einem Wirtschaftsgut, das nicht nur einmalig zur Ausführung von Umsätzen verwendet wird, innerhalb von fünf Jahren ab dem Zeitpunkt der erstmaligen Verwendung die für den ursprünglichen Vorsteuerabzug maßgebenden Verhältnisse, ist für jedes Kalenderjahr der Änderung ein Ausgleich durch eine Berichtigung des Abzugs der auf die Anschaffungs- oder Herstellungskosten entfallenden Vorsteuerbeträge vorzunehmen. Bei Grundstücken einschließlich ihrer wesentlichen Bestandteile, bei Berechtigungen, für die die Vorschriften des bürgerlichen Rechts über Grundstücke gelten, und bei Gebäuden auf fremdem Grund und Boden tritt an die Stelle des Zeitraums von fünf Jahren ein Zeitraum von zehn Jahren.

(2) Ändern sich bei einem Wirtschaftsgut, das nur einmalig zur Ausführung eines Umsatzes verwendet wird, die für den ursprünglichen Vorsteuerabzug maßgebenden Verhältnisse, ist eine Berichtigung des Vorsteuerabzugs vorzunehmen. Die Berichtigung ist für den Besteuerungszeitraum vorzunehmen, in dem das Wirtschaftsgut verwendet wird.

(3) Geht in ein Wirtschaftsgut nachträglich ein anderer Gegenstand ein und verliert dieser Gegenstand dabei seine körperliche und wirtschaftliche Eigenart endgültig oder wird an einem Wirtschaftsgut eine sonstige Leistung ausgeführt, gelten im Fall der Änderung der für den ursprünglichen Vorsteuerabzug maßgebenden Verhältnisse die Absätze 1 und 2 entsprechend. Soweit im Rahmen einer Maßnahme in ein Wirtschaftsgut mehrere Gegenstände eingehen oder an einem Wirtschaftsgut mehrere sonstige Leistungen ausgeführt werden, sind diese zu einem Berichtigungsobjekt zusammenzufassen. Eine Änderung der Verhältnisse liegt dabei auch vor, wenn das Wirtschaftsgut für Zwecke, die außerhalb des Unternehmens liegen, aus dem Unternehmen entnommen wird, ohne dass dabei nach § 3 Abs. 1b eine unentgeltliche Wertabgabe zu besteuern ist.

(4) Die Absätze 1 und 2 sind auf sonstige Leistungen, die nicht unter Absatz 3 Satz 1 fallen, entsprechend anzuwenden. Die Berichtigung ist auf solche sonstigen Leistungen zu beschränken, für die in der Steuerbilanz ein Aktivierungsgebot bestünde. Dies gilt jedoch nicht, soweit es sich um sonstige Leistungen handelt, für die der Leistungsempfänger bereits für einen Zeitraum vor Ausführung der sonstigen Leistung den Vorsteuerabzug vornehmen konnte. Unerheblich ist, ob der Unternehmer nach den §§ 140, 141 der Abgabenordnung tatsächlich zur Buchführung verpflichtet ist.

(5) Bei der Berichtigung nach Absatz 1 ist für jedes Kalenderjahr der Änderung in den Fällen des Satzes 1 von einem Fünftel und in den Fällen des Satzes 2 von einem Zehntel der auf das Wirtschaftsgut entfallenden Vorsteuerbeträge auszugehen. Eine kürzere Verwendungsdauer ist entsprechend zu berücksichtigen. Die Verwendungsdauer wird nicht dadurch verkürzt, dass das Wirtschaftsgut in ein anderes einbezogen wird.

(6) Die Absätze 1 bis 5 sind auf Vorsteuerbeträge, die auf nachträgliche Anschaffungs- oder Herstellungskosten entfallen, sinngemäß anzuwenden.

(7) Eine Änderung der Verhältnisse im Sinne der Absätze 1 bis 3 ist auch beim Übergang von der allgemeinen Besteuerung zur Nichterhebung der Steuer nach § 19 Abs. 1 und umgekehrt und beim Übergang von der allgemeinen Besteuerung zur Durchschnittssatzbesteuerung nach den §§ 23, 23a oder 24 und umgekehrt gegeben.

(8) Eine Änderung der Verhältnisse liegt auch vor, wenn das noch verwendungsfähige Wirtschaftsgut, das nicht nur einmalig zur Ausführung eines Umsatzes verwendet wird, vor Ablauf des nach den Absätzen 1 und 5 maßgeblichen Berichtigungszeitraums veräußert oder nach § 3 Abs. 1b geliefert wird und dieser Umsatz anders zu beurteilen ist als die für den ursprünglichen Vorsteuerabzug maßgebliche Verwendung.

(9) Die Berichtigung nach Absatz 8 ist so vorzunehmen, als wäre das Wirtschaftsgut in der Zeit von der Veräußerung oder Lieferung im Sinne des § 3 Abs. 1b bis zum Ablauf des maßgeblichen Berichtigungszeitraums unter entsprechend geänderten Verhältnissen weiterhin für das Unternehmen verwendet worden.

(10) Bei einer Geschäftsveräußerung (§ 1 Abs. 1a) wird der nach den Absätzen 1 und 5 maßgebliche Berichtigungszeitraum nicht unterbrochen. Der Veräußerer ist verpflichtet, dem Erwerber die für die Durchführung der Berichtigung erforderlichen Angaben zu machen.

(11) Das Bundesministerium der Finanzen kann mit Zustimmung des Bundesrates durch Rechtsverordnung nähere Bestimmungen darüber treffen,

1.   wie der Ausgleich nach den Absätzen 1 bis 9 durchzuführen ist und in welchen Fällen zur Vereinfachung des Besteuerungsverfahrens, zur Vermeidung von Härten oder nicht gerechtfertigten Steuervorteilen zu unterbleiben hat;

2.   dass zur Vermeidung von Härten oder eines nicht gerechtfertigten Steuervorteils bei einer unentgeltlichen Veräußerung oder Überlassung eines Wirtschaftsguts

   a)   eine Berichtigung des Vorsteuerabzugs in entsprechender Anwendung der Absätze 1 bis 9 auch dann durchzuführen ist, wenn eine Änderung der Verhältnisse nicht vorliegt,

   b)   der Teil des Vorsteuerbetrags, der bei einer gleichmäßigen Verteilung auf den in Absatz 9 bezeichneten Restzeitraum entfällt, vom Unternehmer geschuldet wird,

c) der Unternehmer den nach den Absätzen 1 bis 9 oder Buchstabe b geschuldeten Betrag dem Leistungsempfänger wie eine Steuer in Rechnung stellen und dieser den Betrag als Vorsteuer abziehen kann.

**Fünfter Abschnitt**

**Besteuerung**

**§ 16**

**Steuerberechnung, Besteuerungszeitraum und Einzelbesteuerung**

(1) Die Steuer ist, soweit nicht § 20 gilt, nach vereinbarten Entgelten zu berechnen. Besteuerungszeitraum ist das Kalenderjahr. Bei der Berechnung der Steuer ist von der Summe der Umsätze nach § 1 Abs. 1 Nr. 1 und 5 auszugehen, soweit für sie die Steuer in dem Besteuerungszeitraum entstanden und die Steuerschuldnerschaft gegeben ist. Der Steuer sind die nach § 6a Abs. 4 Satz 2, nach § 14c sowie nach § 17 Abs. 1 Satz 6 geschuldeten Steuerbeträge hinzuzurechnen.

(1a) Macht ein nicht im Gemeinschaftsgebiet ansässiger Unternehmer von § 18 Abs. 4c Gebrauch, ist Besteuerungszeitraum das Kalendervierteljahr. Bei der Berechnung der Steuer ist von der Summe der Umsätze nach [15]§ 3a Abs. 3a auszugehen, die im Gemeinschaftsgebiet steuerbar sind, soweit für sie in dem Besteuerungszeitraum die Steuer entstanden und die Steuerschuldnerschaft gegeben ist. Absatz 2 ist nicht anzuwenden.

(2) Von der nach Absatz 1 berechneten Steuer sind die in den Besteuerungszeitraum fallenden, nach § 15 abziehbaren Vorsteuerbeträge abzusetzen. § 15a ist zu berücksichtigen. Die Einfuhrumsatzsteuer ist von der Steuer für den Besteuerungszeitraum abzusetzen, in dem sie entrichtet worden ist. Die bis zum 16. Tag nach Ablauf des Besteuerungszeitraums zu entrichtende Einfuhrumsatzsteuer kann bereits von der Steuer für diesen Besteuerungszeitraum abgesetzt werden, wenn sie in ihm entstanden ist.

(3) Hat der Unternehmer seine gewerbliche oder berufliche Tätigkeit nur in einem Teil des Kalenderjahres ausgeübt, so tritt dieser Teil an die Stelle des Kalenderjahres.

(4) Abweichend von den Absätzen 1, 2 und 3 kann das Finanzamt einen kürzeren Besteuerungszeitraum bestimmen, wenn der Eingang der Steuer gefährdet erscheint oder der Unternehmer damit einverstanden ist.

---

[15] **ab dem 1. Januar 2010 „§ 3a Abs. 5"**

(5) Bei Beförderungen von Personen im Gelegenheitsverkehr mit Kraftomnibussen, die nicht im Inland zugelassen sind, wird die Steuer, abweichend von Absatz 1, für jeden einzelnen steuerpflichtigen Umsatz durch die zuständige Zolldienststelle berechnet (Beförderungseinzelbesteuerung), wenn eine Grenze zum Drittlandsgebiet überschritten wird. Zuständige Zolldienststelle ist die Eingangszollstelle oder Ausgangszollstelle, bei der der Kraftomnibus in das Inland gelangt oder das Inland verlässt. Die zuständige Zolldienststelle handelt bei der Beförderungseinzelbesteuerung für das Finanzamt, in dessen Bezirk sie liegt (zuständiges Finanzamt). Absatz 2 und § 19 Abs. 1 sind bei der Beförderungseinzelbesteuerung nicht anzuwenden.

(5a) Beim innergemeinschaftlichen Erwerb neuer Fahrzeuge durch andere Erwerber als die in § 1a Abs. 1 Nr. 2 genannten Personen ist die Steuer abweichend von Absatz 1 für jeden einzelnen steuerpflichtigen Erwerb zu berechnen (Fahrzeugeinzelbesteuerung).

(5b) Auf Antrag des Unternehmers ist nach Ablauf des Besteuerungszeitraums an Stelle der Beförderungseinzelbesteuerung (Absatz 5) die Steuer nach den Absätzen 1 und 2 zu berechnen. Die Absätze 3 und 4 gelten entsprechend.

(6) Werte in fremder Währung sind zur Berechnung der Steuer und der abziehbaren Vorsteuerbeträge auf Euro nach den Durchschnittskursen umzurechnen, die das Bundesministerium der Finanzen für den Monat öffentlich bekannt gibt, in dem die Leistung ausgeführt oder das Entgelt oder ein Teil des Entgelts vor Ausführung der Leistung (§ 13 Abs. 1 Nr. 1 Buchstabe a Satz 4) vereinnahmt wird. Ist dem leistenden Unternehmer die Berechnung der Steuer nach vereinnahmten Entgelten gestattet (§ 20), so sind die Entgelte nach den Durchschnittskursen des Monats umzurechnen, in dem sie vereinnahmt werden. Das Finanzamt kann die Umrechnung nach dem Tageskurs, der durch Bankmitteilung oder Kurszettel nachzuweisen ist, gestatten. Macht ein nicht im Gemeinschaftsgebiet ansässiger Unternehmer von § 18 Abs. 4c Gebrauch, hat er zur Berechnung der Steuer Werte in fremder Währung nach den Kursen umzurechnen, die für den letzten Tag des Besteuerungszeitraums nach Absatz 1a Satz 1 von der Europäischen Zentralbank festgestellt worden sind. Sind für diesen Tag keine Umrechnungskurse festgestellt worden, hat der Unternehmer die Steuer nach den für den nächsten Tag nach Ablauf des Besteuerungszeitraums nach Absatz 1a Satz 1 von der Europäischen Zentralbank festgestellten Umrechnungskursen umzurechnen.

(7) Für die Einfuhrumsatzsteuer gelten § 11 Abs. 5 und § 21 Abs. 2.

# § 17

## Änderung der Bemessungsgrundlage

(1) Hat sich die Bemessungsgrundlage für einen steuerpflichtigen Umsatz im Sinne des § 1 Abs. 1 Nr. 1 geändert, hat der Unternehmer, der diesen Umsatz ausgeführt hat, den dafür geschuldeten Steuerbetrag zu berichtigen. Ebenfalls ist der Vorsteuerabzug bei dem Unternehmer, an den dieser Umsatz ausgeführt wurde, zu berichtigen. Dies gilt nicht, soweit er durch die Änderung der Bemessungsgrundlage wirtschaftlich nicht begünstigt wird. Wird in diesen Fällen ein anderer Unternehmer durch die Änderung der Bemessungsgrundlage wirtschaftlich begünstigt, hat dieser Unternehmer seinen Vorsteuerabzug zu berichtigen. Die Sätze 1 bis 4 gelten in den Fällen des § 1 Abs. 1 Nr. 5 und des § 13b sinngemäß. Die Berichtigung des Vorsteuerabzugs kann unterbleiben, soweit ein dritter Unternehmer den auf die Minderung des Entgelts entfallenden Steuerbetrag an das Finanzamt entrichtet; in diesem Fall ist der dritte Unternehmer Schuldner der Steuer. Die Berichtigungen nach den Sätzen 1 und 2 sind für den Besteuerungszeitraum vorzunehmen, in dem die Änderung der Bemessungsgrundlage eingetreten ist. Die Berichtigung nach Satz 4 ist für den Besteuerungszeitraum vorzunehmen, in dem der andere Unternehmer wirtschaftlich begünstigt wird.

(2) Absatz 1 gilt sinngemäß, wenn

1.  das vereinbarte Entgelt für eine steuerpflichtige Lieferung, sonstige Leistung oder einen steuerpflichtigen innergemeinschaftlichen Erwerb uneinbringlich geworden ist. Wird das Entgelt nachträglich vereinnahmt, sind Steuerbetrag und Vorsteuerabzug erneut zu berichtigen;

2.  für eine vereinbarte Lieferung oder sonstige Leistung ein Entgelt entrichtet, die Lieferung oder sonstige Leistung jedoch nicht ausgeführt worden ist;

3.  eine steuerpflichtige Lieferung, sonstige Leistung oder ein steuerpflichtiger innergemeinschaftlicher Erwerb rückgängig gemacht worden ist;

4.  der Erwerber den Nachweis im Sinne des § 3d Satz 2 führt;

5.  Aufwendungen im Sinne des [16] **§ 15 Abs. 1a** getätigt werden.

(3) Ist Einfuhrumsatzsteuer, die als Vorsteuer abgezogen worden ist, herabgesetzt, erlassen oder erstattet worden, so hat der Unternehmer den Vorsteuerabzug entsprechend zu berichtigen. Absatz 1 Satz 7 gilt sinngemäß.

---

[16] **gilt ab dem 25. Dezember 2008**

(4) Werden die Entgelte für unterschiedlich besteuerte Lieferungen oder sonstige Leistungen eines bestimmten Zeitabschnitts gemeinsam geändert (z. B. Jahresboni, Jahresrückvergütungen), so hat der Unternehmer dem Leistungsempfänger einen Beleg zu erteilen, aus dem zu ersehen ist, wie sich die Änderung der Entgelte auf die unterschiedlich besteuerten Umsätze verteilt.

**gilt bis zum 31. Dezember 2009**

**§ 18**

**Besteuerungsverfahren**

[17](1) **Der Unternehmer hat bis zum 10. Tag nach Ablauf jedes Voranmeldungszeitraums eine Voranmeldung nach amtlich vorgeschriebenem Datensatz durch Datenfernübertragung nach Maßgabe der Steuerdaten-Übermittlungsverordnung zu übermitteln, in der er die Steuer für den Voranmeldungszeitraum (Vorauszahlung) selbst zu berechnen hat. Auf Antrag kann das Finanzamt zur Vermeidung von unbilligen Härten auf eine elektronische Übermittlung verzichten; in diesem Fall hat der Unternehmer eine Voranmeldung nach amtlich vorgeschriebenem Vordruck abzugeben. § 16 Abs. 1 und 2 und § 17 sind entsprechend anzuwenden. Die Vorauszahlung ist am 10. Tag nach Ablauf des Voranmeldungszeitraums fällig.**

(2) Voranmeldungszeitraum ist das Kalendervierteljahr. Beträgt die Steuer für das vorangegangene Kalenderjahr mehr als [18]**7 500 Euro**, ist der Kalendermonat Voranmeldungszeitraum. Beträgt die Steuer für das vorangegangene Kalenderjahr nicht mehr als [19]**1 000 Euro**, kann das Finanzamt den Unternehmer von der Verpflichtung zur Abgabe der Voranmeldungen und Entrichtung der Vorauszahlungen befreien. Nimmt der Unternehmer seine berufliche oder gewerbliche Tätigkeit auf, ist im laufenden und folgenden Kalenderjahr Voranmeldungszeitraum der Kalendermonat.

(2a) Der Unternehmer kann an Stelle des Kalendervierteljahres den Kalendermonat als Voranmeldungszeitraum wählen, wenn sich für das vorangegangene Kalenderjahr ein Überschuss zu seinen Gunsten von mehr als [20]**7 500 Euro** ergibt. In diesem Fall hat der Unternehmer bis zum 10. Februar des laufenden Kalenderjahres eine Voranmeldung für den ersten Kalendermonat abzugeben. Die Ausübung des Wahlrechts bindet den Unternehmer für dieses Kalenderjahr.

(3) Der Unternehmer hat für das Kalenderjahr oder für den kürzeren Besteuerungszeitraum eine Steuererklärung nach amtlich vorgeschriebenem Vordruck abzugeben, in der er die zu entrichtende Steuer

---

[17] **gilt ab dem 1. Januar 2009**
[18] **gilt ab dem 1. Januar 2009**
[19] **gilt ab dem 1. Januar 2009**
[20] **gilt ab dem 1. Januar 2009**

oder den Überschuss, der sich zu seinen Gunsten ergibt, nach § 16 Abs. 1 bis 4 und § 17 selbst zu berechnen hat (Steueranmeldung). In den Fällen des § 16 Abs. 3 und 4 ist die Steueranmeldung binnen einem Monat nach Ablauf des kürzeren Besteuerungszeitraums abzugeben. Die Steueranmeldung muss vom Unternehmer eigenhändig unterschrieben sein.

(4) Berechnet der Unternehmer die zu entrichtende Steuer oder den Überschuss in der Steueranmeldung für das Kalenderjahr abweichend von der Summe der Vorauszahlungen, so ist der Unterschiedsbetrag zugunsten des Finanzamts einen Monat nach dem Eingang der Steueranmeldung fällig. Setzt das Finanzamt die zu entrichtende Steuer oder den Überschuss abweichend von der Steueranmeldung für das Kalenderjahr fest, so ist der Unterschiedsbetrag zugunsten des Finanzamts einen Monat nach der Bekanntgabe des Steuerbescheids fällig. Die Fälligkeit rückständiger Vorauszahlungen (Absatz 1) bleibt von den Sätzen 1 und 2 unberührt.

(4a) Voranmeldungen (Absätze 1 und 2) und eine Steuererklärung (Absätze 3 und 4) haben auch die Unternehmer und juristischen Personen abzugeben, die ausschließlich Steuer für Umsätze nach § 1 Abs. 1 Nr. 5, § 13b Abs. 2 oder § 25b Abs. 2 zu entrichten haben, sowie Fahrzeuglieferer (§ 2a). Voranmeldungen sind nur für die Voranmeldungszeiträume abzugeben, in denen die Steuer für diese Umsätze zu erklären ist. Die Anwendung des Absatzes 2a ist ausgeschlossen.

(4b) Für Personen, die keine Unternehmer sind und Steuerbeträge nach § 6a Abs. 4 Satz 2 oder nach § 14c Abs. 2 schulden, gilt Absatz 4a entsprechend.

(4c) Ein nicht im Gemeinschaftsgebiet ansässiger Unternehmer, der als Steuerschuldner ausschließlich Umsätze nach § 3a Abs. 3a im Gemeinschaftsgebiet erbringt und in keinem anderen Mitgliedstaat für Zwecke der Umsatzsteuer erfasst ist, kann abweichend von den Absätzen 1 bis 4 für jeden Besteuerungszeitraum (§ 16 Abs. 1a Satz 1) eine Steuererklärung auf amtlich vorgeschriebenem Vordruck bis zum 20. Tag nach Ablauf jedes Besteuerungszeitraums abgeben, in der er die Steuer selbst zu berechnen hat; die Steuererklärung ist dem Bundeszentralamt für Steuern elektronisch zu übermitteln. Die Steuer ist am 20. Tag nach Ablauf des Besteuerungszeitraums fällig. Die Ausübung des Wahlrechts hat der Unternehmer auf dem amtlich vorgeschriebenen, elektronisch zu übermittelnden Dokument dem Bundeszentralamt für Steuern anzuzeigen, bevor er Umsätze nach § 3a Abs. 3a im Gemeinschaftsgebiet erbringt. Das Wahlrecht kann nur mit Wirkung vom Beginn eines Besteuerungszeitraums an widerrufen werden. Der Widerruf ist vor Beginn des Besteuerungszeitraums, für den er gelten soll, gegenüber dem Bundeszentralamt für Steuern auf elektronischem Weg zu erklären. Kommt der Unternehmer seinen Verpflichtungen nach den Sätzen 1 bis 3 oder § 22 Abs. 1 wiederholt nicht oder nicht rechtzeitig nach, schließt ihn das Bundeszentralamt für Steuern von dem Besteuerungsverfahren nach Satz 1 aus. Der Ausschluss gilt ab dem Besteuerungszeitraum, der nach dem Zeitpunkt der Bekanntgabe des Ausschlusses gegenüber dem Unternehmer beginnt.

(4d) Die Absätze 1 bis 4 gelten nicht für Unternehmer, die im Inland im Besteuerungszeitraum (§ 16 Abs. 1 Satz 2) als Steuerschuldner ausschließlich elektronische Dienstleistungen nach § 3a Abs. 3a erbringen und diese Umsätze in einem anderen Mitgliedstaat erklären sowie die darauf entfallende Steuer entrichten.

(5) In den Fällen der Beförderungseinzelbesteuerung (§ 16 Abs. 5) ist abweichend von den Absätzen 1 bis 4 wie folgt zu verfahren:

1. Der Beförderer hat für jede einzelne Fahrt eine Steuererklärung nach amtlich vorgeschriebenem Vordruck in zwei Stücken bei der zuständigen Zolldienststelle abzugeben.

2. Die zuständige Zolldienststelle setzt für das zuständige Finanzamt die Steuer auf beiden Stücken der Steuererklärung fest und gibt ein Stück dem Beförderer zurück, der die Steuer gleichzeitig zu entrichten hat. Der Beförderer hat dieses Stück mit der Steuerquittung während der Fahrt mit sich zu führen.

3. Der Beförderer hat bei der zuständigen Zolldienststelle, bei der er die Grenze zum Drittlandsgebiet überschreitet, eine weitere Steuererklärung in zwei Stücken abzugeben, wenn sich die Zahl der Personenkilometer (§ 10 Abs. 6 Satz 2), von der bei der Steuerfestsetzung nach Nummer 2 ausgegangen worden ist, geändert hat. Die Zolldienststelle setzt die Steuer neu fest. Gleichzeitig ist ein Unterschiedsbetrag zugunsten des Finanzamts zu entrichten oder ein Unterschiedsbetrag zugunsten des Beförderers zu erstatten. Die Sätze 2 und 3 sind nicht anzuwenden, wenn der Unterschiedsbetrag weniger als 2,50 Euro beträgt. Die Zolldienststelle kann in diesen Fällen auf eine schriftliche Steuererklärung verzichten.

(5a) In den Fällen der Fahrzeugeinzelbesteuerung (§ 16 Abs. 5a) hat der Erwerber, abweichend von den Absätzen 1 bis 4, spätestens bis zum 10. Tag nach Ablauf des Tages, an dem die Steuer entstanden ist, eine Steuererklärung nach amtlich vorgeschriebenem Vordruck abzugeben, in der er die zu entrichtende Steuer selbst zu berechnen hat (Steueranmeldung). Die Steueranmeldung muss vom Erwerber eigenhändig unterschrieben sein. Gibt der Erwerber die Steueranmeldung nicht ab oder hat er die Steuer nicht richtig berechnet, so kann das Finanzamt die Steuer festsetzen. Die Steuer ist am 10. Tag nach Ablauf des Tages fällig, an dem sie entstanden ist.

(5b) In den Fällen des § 16 Abs. 5b ist das Besteuerungsverfahren nach den Absätzen 3 und 4 durchzuführen. Die bei der Beförderungseinzelbesteuerung (§ 16 Abs. 5) entrichtete Steuer ist auf die nach Absatz 3 Satz 1 zu entrichtende Steuer anzurechnen.

(6) Zur Vermeidung von Härten kann das Bundesministerium der Finanzen mit Zustimmung des Bundesrates durch Rechtsverordnung die Fristen für die Voranmeldungen und Vorauszahlungen um einen Monat

verlängern und das Verfahren näher bestimmen. Dabei kann angeordnet werden, dass der Unternehmer eine Sondervorauszahlung auf die Steuer für das Kalenderjahr zu entrichten hat.

(7) Zur Vereinfachung des Besteuerungsverfahrens kann das Bundesministerium der Finanzen mit Zustimmung des Bundesrates durch Rechtsverordnung bestimmen, dass und unter welchen Voraussetzungen auf die Erhebung der Steuer für Lieferungen von Gold, Silber und Platin sowie sonstige Leistungen im Geschäft mit diesen Edelmetallen zwischen Unternehmern, die an einer Wertpapierbörse im Inland mit dem Recht zur Teilnahme am Handel zugelassen sind, verzichtet werden kann. Das gilt nicht für Münzen und Medaillen aus diesen Edelmetallen.

(8) (weggefallen)

(9) Zur Vereinfachung des Besteuerungsverfahrens kann das Bundesministerium der Finanzen mit Zustimmung des Bundesrates durch Rechtsverordnung die Vergütung der Vorsteuerbeträge (§ 15) an im Ausland ansässige Unternehmer, abweichend von § 16 und von den Absätzen 1 bis 4, in einem besonderen Verfahren regeln. Dabei kann angeordnet werden, dass die Vergütung nur erfolgt, wenn sie eine bestimmte Mindesthöhe erreicht. Der Vergütungsantrag ist binnen sechs Monaten nach Ablauf des Kalenderjahres zu stellen, in dem der Vergütungsanspruch entstanden ist. Der Unternehmer hat die Vergütung selbst zu berechnen und die Vorsteuerbeträge durch Vorlage von Rechnungen und Einfuhrbelegen im Original nachzuweisen. Der Vergütungsantrag ist vom Unternehmer eigenhändig zu unterschreiben. Einem Unternehmer, der nicht im Gemeinschaftsgebiet ansässig ist, wird die Vorsteuer nur vergütet, wenn in dem Land, in dem der Unternehmer seinen Sitz hat, keine Umsatzsteuer oder ähnliche Steuer erhoben oder im Fall der Erhebung im Inland ansässigen Unternehmern vergütet wird. Von der Vergütung ausgeschlossen sind bei Unternehmern, die nicht im Gemeinschaftsgebiet ansässig sind, die Vorsteuerbeträge, die auf den Bezug von Kraftstoffen entfallen. Die Sätze 6 und 7 gelten nicht für Unternehmer, die nicht im Gemeinschaftsgebiet ansässig sind, soweit sie im Besteuerungszeitraum (§ 16 Abs. 1 Satz 2) als Steuerschuldner ausschließlich elektronische Leistungen nach § 3a Abs. 3a im Gemeinschaftsgebiet erbracht und für diese Umsätze von § 18 Abs. 4c Gebrauch gemacht haben oder diese Umsätze in einem anderen Mitgliedstaat erklärt sowie die darauf entfallende Steuer entrichtet haben; Voraussetzung ist, dass die Vorsteuerbeträge im Zusammenhang mit elektronischen Leistungen nach § 3a Abs. 3a stehen.

(10) Zur Sicherung des Steueranspruchs in Fällen des innergemeinschaftlichen Erwerbs neuer motorbetriebener Landfahrzeuge und neuer Luftfahrzeuge (§ 1b Abs. 2 und 3) gilt Folgendes:

1.  Die für die Zulassung oder die Registrierung von Fahrzeugen zuständigen Behörden sind verpflichtet, den für die Besteuerung des innergemeinschaftlichen Erwerbs neuer Fahrzeuge zuständigen Finanzbehörden ohne Ersuchen Folgendes mitzuteilen:

a) bei neuen motorbetriebenen Landfahrzeugen die erstmalige Ausgabe von Fahrzeugbriefen oder die erstmalige Zuteilung eines amtlichen Kennzeichens bei zulassungsfreien Fahrzeugen. Gleichzeitig sind die in Nummer 2 Buchstabe a bezeichneten Daten und das zugeteilte amtliche Kennzeichen oder, wenn dieses noch nicht zugeteilt worden ist, die Nummer des Fahrzeugbriefs zu übermitteln,

b) bei neuen Luftfahrzeugen die erstmalige Registrierung dieser Luftfahrzeuge. Gleichzeitig sind die in Nummer 3 Buchstabe a bezeichneten Daten und das zugeteilte amtliche Kennzeichen zu übermitteln. Als Registrierung im Sinne dieser Vorschrift gilt nicht die Eintragung eines Luftfahrzeugs in das Register für Pfandrechte an Luftfahrzeugen.

2. In den Fällen des innergemeinschaftlichen Erwerbs neuer motorbetriebener Landfahrzeuge (§ 1b Abs. 2 Satz 1 Nr. 1 und Abs. 3 Nr. 1) gilt Folgendes:

a) Bei der erstmaligen Ausgabe eines Fahrzeugbriefs im Inland oder bei der erstmaligen Zuteilung eines amtlichen Kennzeichens für zulassungsfreie Fahrzeuge im Inland hat der Antragsteller die folgenden Angaben zur Übermittlung an die Finanzbehörden zu machen:

aa) den Namen und die Anschrift des Antragstellers sowie das für ihn zuständige Finanzamt (§ 21 der Abgabenordnung),

bb) den Namen und die Anschrift des Lieferers,

cc) den Tag der Lieferung,

dd) den Tag der ersten Inbetriebnahme,

ee) den Kilometerstand am Tag der Lieferung,

ff) die Fahrzeugart, den Fahrzeughersteller, den Fahrzeugtyp und die Fahrzeug-Identifizierungsnummer,

gg) den Verwendungszweck.

Der Antragsteller ist zu den Angaben [21]**nach Satz 1 Doppelbuchstabe aa und bb** auch dann verpflichtet, wenn er nicht zu den in § 1a Abs. 1 Nr. 2 und § 1b Abs. 1 genannten Personen gehört oder wenn Zweifel daran bestehen, ob die Eigenschaften als neues Fahrzeug im Sinne des § 1b Abs. 3 Nr. 1 vorliegen. Die Zulassungsbehörde darf den Fahrzeugbrief oder bei

---

[21] **gilt ab dem 25. Dezember 2008**

zulassungsfreien Fahrzeugen den Nachweis über die Zuteilung des amtlichen Kennzeichens (§ 18 Abs. 5 der Straßenverkehrs-Zulassungs-Ordnung) erst aushändigen, wenn der Antragsteller die vorstehenden Angaben gemacht hat.

b) Ist die Steuer für den innergemeinschaftlichen Erwerb nicht entrichtet worden, hat die Zulassungsbehörde auf Antrag des Finanzamts den Fahrzeugschein oder bei zulassungsfreien Fahrzeugen den Nachweis über die Zuteilung des amtlichen Kennzeichens (§ 18 Abs. 5 der Straßenverkehrs-Zulassungs-Ordnung) einzuziehen und das amtliche Kennzeichen zu entstempeln. An Stelle der Einziehung des Nachweises über die Zuteilung des amtlichen Kennzeichens bei zulassungsfreien Fahrzeugen kann auch der Vermerk über die Zuteilung des amtlichen Kennzeichens für ungültig erklärt werden. Die Zulassungsbehörde trifft die hierzu erforderlichen Anordnungen durch schriftlichen Verwaltungsakt (Abmeldungsbescheid). Das Finanzamt kann die Abmeldung von Amts wegen auch selbst vornehmen, wenn die Zulassungsbehörde das Verfahren noch nicht eingeleitet hat. Satz 3 gilt entsprechend. Das Finanzamt teilt die durchgeführte Abmeldung unverzüglich der Zulassungsbehörde mit und händigt dem Fahrzeughalter die vorgeschriebene Bescheinigung über die Abmeldung aus. Die Durchführung der Abmeldung von Amts wegen richtet sich nach dem Verwaltungsverfahrensgesetz. Für Streitigkeiten über Abmeldungen von Amts wegen ist der Verwaltungsrechtsweg gegeben.

3. In den Fällen des innergemeinschaftlichen Erwerbs neuer Luftfahrzeuge (§ 1b Abs. 2 Satz 1 Nr. 3 und Abs. 3 Nr. 3) gilt Folgendes:

a) Bei der erstmaligen Registrierung in der Luftfahrzeugrolle hat der Antragsteller die folgenden Angaben zur Übermittlung an die Finanzbehörden zu machen:

aa) den Namen und die Anschrift des Antragstellers sowie das für ihn zuständige Finanzamt (§ 21 der Abgabenordnung),

bb) den Namen und die Anschrift des Lieferers,

cc) den Tag der Lieferung,

dd) das Entgelt (Kaufpreis),

ee) den Tag der ersten Inbetriebnahme,

ff) die Starthöchstmasse,

gg) die Zahl der bisherigen Betriebsstunden am Tag der Lieferung,

hh) den Flugzeughersteller und den Flugzeugtyp,

ii) den Verwendungszweck.

Der Antragsteller ist zu den Angaben [22]**nach Satz 1 Doppelbuchstabe aa und bb** auch dann verpflichtet, wenn er nicht zu den in § 1a Abs. 1 Nr. 2 und § 1b Abs. 1 genannten Personen gehört oder wenn Zweifel daran bestehen, ob die Eigenschaften als neues Fahrzeug im Sinne des § 1b Abs. 3 Nr. 3 vorliegen. Das Luftfahrt-Bundesamt darf die Eintragung in der Luftfahrzeugrolle erst vornehmen, wenn der Antragsteller die vorstehenden Angaben gemacht hat.

b) Ist die Steuer für den innergemeinschaftlichen Erwerb nicht entrichtet worden, so hat das Luftfahrt-Bundesamt auf Antrag des Finanzamts die Betriebserlaubnis zu widerrufen. Es trifft die hierzu erforderlichen Anordnungen durch schriftlichen Verwaltungsakt (Abmeldungsbescheid). Die Durchführung der Abmeldung von Amts wegen richtet sich nach dem Verwaltungsverfahrensgesetz. Für Streitigkeiten über Abmeldungen von Amts wegen ist der Verwaltungsrechtsweg gegeben.

(11) Die für die Steueraufsicht zuständigen Zolldienststellen wirken an der umsatzsteuerlichen Erfassung von Personenbeförderungen mit nicht im Inland zugelassenen Kraftomnibussen mit. Sie sind berechtigt, im Rahmen von zeitlich und örtlich begrenzten Kontrollen die nach ihrer äußeren Erscheinung nicht im Inland zugelassenen Kraftomnibusse anzuhalten und die tatsächlichen und rechtlichen Verhältnisse festzustellen, die für die Umsatzsteuer maßgebend sind, und die festgestellten Daten den zuständigen Finanzbehörden zu übermitteln.

(12) Im Ausland ansässige Unternehmer (§ 13b Abs. 4), die grenzüberschreitende Personenbeförderungen mit nicht im Inland zugelassenen Kraftomnibussen durchführen, haben dies vor der erstmaligen Ausführung derartiger auf das Inland entfallender Umsätze (§ 3b Abs. 1 Satz 2) bei dem für die Umsatzbesteuerung zuständigen Finanzamt anzuzeigen, soweit diese Umsätze nicht der Beförderungseinzelbesteuerung (§ 16 Abs. 5) unterliegen oder der Leistungsempfänger die Steuer für derartige Umsätze nicht nach § 13b Abs. 2 Satz 1 oder Satz 3 schuldet. Das Finanzamt erteilt hierüber eine Bescheinigung. Die Bescheinigung ist während jeder Fahrt mitzuführen und auf Verlangen den für die Steueraufsicht zuständigen Zolldienststellen vorzulegen. Bei Nichtvorlage der Bescheinigung können diese Zolldienststellen eine Sicherheitsleistung nach den abgabenrechtlichen Vorschriften in Höhe der für die einzelne Beförderungsleistung voraussichtlich zu entrichtenden Steuer verlangen. Die entrichtete Sicherheitsleistung ist auf die nach Absatz 3 Satz 1 zu entrichtende Steuer anzurechnen.

---

[22] **gilt ab dem 25. Dezember 2008**

## § 18

### Besteuerungsverfahren

[23](1) Der Unternehmer hat bis zum 10. Tag nach Ablauf jedes Voranmeldungszeitraums eine Voranmeldung nach amtlich vorgeschriebenem Datensatz durch Datenfernübertragung nach Maßgabe der Steuerdaten-Übermittlungsverordnung zu übermitteln, in der er die Steuer für den Voranmeldungszeitraum (Vorauszahlung) selbst zu berechnen hat. Auf Antrag kann das Finanzamt zur Vermeidung von unbilligen Härten auf eine elektronische Übermittlung verzichten; in diesem Fall hat der Unternehmer eine Voranmeldung nach amtlich vorgeschriebenem Vordruck abzugeben. § 16 Abs. 1 und 2 und § 17 sind entsprechend anzuwenden. Die Vorauszahlung ist am 10. Tag nach Ablauf des Voranmeldungszeitraums fällig.

(2) Voranmeldungszeitraum ist das Kalendervierteljahr. Beträgt die Steuer für das vorangegangene Kalenderjahr mehr als [24]7 500 Euro, ist der Kalendermonat Voranmeldungszeitraum. Beträgt die Steuer für das vorangegangene Kalenderjahr nicht mehr als [25]1 000 Euro, kann das Finanzamt den Unternehmer von der Verpflichtung zur Abgabe der Voranmeldungen und Entrichtung der Vorauszahlungen befreien. Nimmt der Unternehmer seine berufliche oder gewerbliche Tätigkeit auf, ist im laufenden und folgenden Kalenderjahr Voranmeldungszeitraum der Kalendermonat.

(2a) Der Unternehmer kann an Stelle des Kalendervierteljahres den Kalendermonat als Voranmeldungszeitraum wählen, wenn sich für das vorangegangene Kalenderjahr ein Überschuss zu seinen Gunsten von mehr als [26]7 500 Euro ergibt. In diesem Fall hat der Unternehmer bis zum 10. Februar des laufenden Kalenderjahres eine Voranmeldung für den ersten Kalendermonat abzugeben. Die Ausübung des Wahlrechts bindet den Unternehmer für dieses Kalenderjahr.

(3) Der Unternehmer hat für das Kalenderjahr oder für den kürzeren Besteuerungszeitraum eine Steuererklärung nach amtlich vorgeschriebenem Vordruck abzugeben, in der er die zu entrichtende Steuer oder den Überschuss, der sich zu seinen Gunsten ergibt, nach § 16 Abs. 1 bis 4 und § 17 selbst zu berechnen hat (Steueranmeldung). In den Fällen des § 16 Abs. 3 und 4 ist die Steueranmeldung binnen einem Monat nach Ablauf des kürzeren Besteuerungszeitraums abzugeben. Die Steueranmeldung muss vom Unternehmer eigenhändig unterschrieben sein.

---

[23] gilt ab dem 1. Januar 2009
[24] gilt ab dem 1. Januar 2009
[25] gilt ab dem 1. Januar 2009
[26] gilt ab dem 1. Januar 2009

(4) Berechnet der Unternehmer die zu entrichtende Steuer oder den Überschuss in der Steueranmeldung für das Kalenderjahr abweichend von der Summe der Vorauszahlungen, so ist der Unterschiedsbetrag zugunsten des Finanzamts einen Monat nach dem Eingang der Steueranmeldung fällig. Setzt das Finanzamt die zu entrichtende Steuer oder den Überschuss abweichend von der Steueranmeldung für das Kalenderjahr fest, so ist der Unterschiedsbetrag zugunsten des Finanzamts einen Monat nach der Bekanntgabe des Steuerbescheids fällig. Die Fälligkeit rückständiger Vorauszahlungen (Absatz 1) bleibt von den Sätzen 1 und 2 unberührt.

(4a) Voranmeldungen (Absätze 1 und 2) und eine Steuererklärung (Absätze 3 und 4) haben auch die Unternehmer und juristischen Personen abzugeben, die ausschließlich Steuer für Umsätze nach § 1 Abs. 1 Nr. 5, § 13b Abs. 2 oder § 25b Abs. 2 zu entrichten haben, sowie Fahrzeuglieferer (§ 2a). Voranmeldungen sind nur für die Voranmeldungszeiträume abzugeben, in denen die Steuer für diese Umsätze zu erklären ist. Die Anwendung des Absatzes 2a ist ausgeschlossen.

(4b) Für Personen, die keine Unternehmer sind und Steuerbeträge nach § 6a Abs. 4 Satz 2 oder nach § 14c Abs. 2 schulden, gilt Absatz 4a entsprechend.

(4c) Ein nicht im Gemeinschaftsgebiet ansässiger Unternehmer, der als Steuerschuldner ausschließlich Umsätze nach [27] § 3a Abs. 5 im Gemeinschaftsgebiet erbringt und in keinem anderen Mitgliedstaat für Zwecke der Umsatzsteuer erfasst ist, kann abweichend von den Absätzen 1 bis 4 für jeden Besteuerungszeitraum (§ 16 Abs. 1a Satz 1) eine Steuererklärung auf amtlich vorgeschriebenem Vordruck bis zum 20. Tag nach Ablauf jedes Besteuerungszeitraums abgeben, in der er die Steuer selbst zu berechnen hat; die Steuererklärung ist dem Bundeszentralamt für Steuern elektronisch zu übermitteln. Die Steuer ist am 20. Tag nach Ablauf des Besteuerungszeitraums fällig. Die Ausübung des Wahlrechts hat der Unternehmer auf dem amtlich vorgeschriebenen, elektronisch zu übermittelnden Dokument dem Bundeszentralamt für Steuern anzuzeigen, bevor er Umsätze nach [28] § 3a Abs. 5 im Gemeinschaftsgebiet erbringt. Das Wahlrecht kann nur mit Wirkung vom Beginn eines Besteuerungszeitraums an widerrufen werden. Der Widerruf ist vor Beginn des Besteuerungszeitraums, für den er gelten soll, gegenüber dem Bundeszentralamt für Steuern auf elektronischem Weg zu erklären. Kommt der Unternehmer seinen Verpflichtungen nach den Sätzen 1 bis 3 oder § 22 Abs. 1 wiederholt nicht oder nicht rechtzeitig nach, schließt ihn das Bundeszentralamt für Steuern von dem Besteuerungsverfahren nach Satz 1 aus. Der Ausschluss gilt ab dem Besteuerungszeitraum, der nach dem Zeitpunkt der Bekanntgabe des Ausschlusses gegenüber dem Unternehmer beginnt.

(4d) Die Absätze 1 bis 4 gelten nicht für Unternehmer, die im Inland im Besteuerungszeitraum (§ 16 Abs. 1 Satz 2) als Steuerschuldner ausschließlich elektronische Dienstleistungen nach [29] § 3a Abs. 5 erbringen und diese Umsätze in einem anderen Mitgliedstaat erklären sowie die darauf entfallende Steuer entrichten.

---

[27] **gilt ab dem 1. Januar 2010**
[28] **gilt ab dem 1. Januar 2010**
[29] **gilt ab dem 1. Januar 2010**

(5) In den Fällen der Beförderungseinzelbesteuerung (§ 16 Abs. 5) ist abweichend von den Absätzen 1 bis 4 wie folgt zu verfahren:

1.  Der Beförderer hat für jede einzelne Fahrt eine Steuererklärung nach amtlich vorgeschriebenem Vordruck in zwei Stücken bei der zuständigen Zolldienststelle abzugeben.

2.  Die zuständige Zolldienststelle setzt für das zuständige Finanzamt die Steuer auf beiden Stücken der Steuererklärung fest und gibt ein Stück dem Beförderer zurück, der die Steuer gleichzeitig zu entrichten hat. Der Beförderer hat dieses Stück mit der Steuerquittung während der Fahrt mit sich zu führen.

3.  Der Beförderer hat bei der zuständigen Zolldienststelle, bei der er die Grenze zum Drittlandsgebiet überschreitet, eine weitere Steuererklärung in zwei Stücken abzugeben, wenn sich die Zahl der Personenkilometer (§ 10 Abs. 6 Satz 2), von der bei der Steuerfestsetzung nach Nummer 2 ausgegangen worden ist, geändert hat. Die Zolldienststelle setzt die Steuer neu fest. Gleichzeitig ist ein Unterschiedsbetrag zugunsten des Finanzamts zu entrichten oder ein Unterschiedsbetrag zugunsten des Beförderers zu erstatten. Die Sätze 2 und 3 sind nicht anzuwenden, wenn der Unterschiedsbetrag weniger als 2,50 Euro beträgt. Die Zolldienststelle kann in diesen Fällen auf eine schriftliche Steuererklärung verzichten.

(5a) In den Fällen der Fahrzeugeinzelbesteuerung (§ 16 Abs. 5a) hat der Erwerber, abweichend von den Absätzen 1 bis 4, spätestens bis zum 10. Tag nach Ablauf des Tages, an dem die Steuer entstanden ist, eine Steuererklärung nach amtlich vorgeschriebenem Vordruck abzugeben, in der er die zu entrichtende Steuer selbst zu berechnen hat (Steueranmeldung). Die Steueranmeldung muss vom Erwerber eigenhändig unterschrieben sein. Gibt der Erwerber die Steueranmeldung nicht ab oder hat er die Steuer nicht richtig berechnet, so kann das Finanzamt die Steuer festsetzen. Die Steuer ist am 10. Tag nach Ablauf des Tages fällig, an dem sie entstanden ist.

(5b) In den Fällen des § 16 Abs. 5b ist das Besteuerungsverfahren nach den Absätzen 3 und 4 durchzuführen. Die bei der Beförderungseinzelbesteuerung (§ 16 Abs. 5) entrichtete Steuer ist auf die nach Absatz 3 Satz 1 zu entrichtende Steuer anzurechnen.

(6) Zur Vermeidung von Härten kann das Bundesministerium der Finanzen mit Zustimmung des Bundesrates durch Rechtsverordnung die Fristen für die Voranmeldungen und Vorauszahlungen um einen Monat verlängern und das Verfahren näher bestimmen. Dabei kann angeordnet werden, dass der Unternehmer eine Sondervorauszahlung auf die Steuer für das Kalenderjahr zu entrichten hat.

(7) Zur Vereinfachung des Besteuerungsverfahrens kann das Bundesministerium der Finanzen mit Zustimmung des Bundesrates durch Rechtsverordnung bestimmen, dass und unter welchen Voraussetzungen

auf die Erhebung der Steuer für Lieferungen von Gold, Silber und Platin sowie sonstige Leistungen im Geschäft mit diesen Edelmetallen zwischen Unternehmern, die an einer Wertpapierbörse im Inland mit dem Recht zur Teilnahme am Handel zugelassen sind, verzichtet werden kann. Das gilt nicht für Münzen und Medaillen aus diesen Edelmetallen.

(8) (weggefallen)

[30](9) Zur Vereinfachung des Besteuerungsverfahrens kann das Bundesministerium der Finanzen mit Zustimmung des Bundesrates durch Rechtsverordnung die Vergütung der Vorsteuerbeträge (§ 15) an im Ausland ansässige Unternehmer, abweichend von § 16 und von den Absätzen 1 bis 4, in einem besonderen Verfahren regeln. Dabei kann auch angeordnet werden,

1.    dass die Vergütung nur erfolgt, wenn sie eine bestimmte Mindesthöhe erreicht,

2.    innerhalb welcher Frist der Vergütungsantrag zu stellen ist,

3.    in welchen Fällen der Unternehmer den Antrag eigenhändig zu unterschreiben hat,

4.    wie und in welchem Umfang Vorsteuerbeträge durch Vorlage von Rechnungen und Einfuhrbelegen nachzuweisen sind,

5.    dass der Bescheid über die Vergütung der Vorsteuerbeträge elektronisch erteilt wird,

6.    wie und in welchem Umfang der zu vergütende Betrag zu verzinsen ist.

Einem Unternehmer, der im Gemeinschaftsgebiet ansässig ist und Umsätze ausführt, die zum Teil den Vorsteuerabzug ausschließen, wird die Vorsteuer höchstens in der Höhe vergütet, in der er in dem Mitgliedstaat, in dem er ansässig ist, bei Anwendung eines Pro-rata-Satzes zum Vorsteuerabzug berechtigt wäre. Einem Unternehmer, der nicht im Gemeinschaftsgebiet ansässig ist, wird die Vorsteuer nur vergütet, wenn in dem Land, in dem der Unternehmer seinen Sitz hat, keine Umsatzsteuer oder ähnliche Steuer erhoben oder im Fall der Erhebung im Inland ansässigen Unternehmern vergütet wird. Von der Vergütung ausgeschlossen sind bei Unternehmern, die nicht im Gemeinschaftsgebiet ansässig sind, die Vorsteuerbeträge, die auf den Bezug von Kraftstoffen entfallen. Die Sätze 4 und 5 gelten nicht für Unternehmer, die nicht im Gemeinschaftsgebiet ansässig sind, soweit sie im Besteuerungszeitraum (§ 16 Abs. 1 Satz 2) als Steuerschuldner ausschließlich elektronische Leistungen nach § 3a Abs. 5 im Gemeinschaftsgebiet erbracht und für diese Umsätze von § 18 Abs. 4c Gebrauch gemacht haben oder diese Umsätze in einem anderen Mitgliedstaat erklärt sowie die darauf

---

[30] gilt ab dem 1. Januar 2010; zur Anwendung s. § 27 Abs. 14

entfallende Steuer entrichtet haben; Voraussetzung ist, dass die Vorsteuerbeträge im Zusammenhang mit elektronischen Leistungen nach § 3a Abs. 5 stehen.

(10) Zur Sicherung des Steueranspruchs in Fällen des innergemeinschaftlichen Erwerbs neuer motorbetriebener Landfahrzeuge und neuer Luftfahrzeuge (§ 1b Abs. 2 und 3) gilt Folgendes:

1. Die für die Zulassung oder die Registrierung von Fahrzeugen zuständigen Behörden sind verpflichtet, den für die Besteuerung des innergemeinschaftlichen Erwerbs neuer Fahrzeuge zuständigen Finanzbehörden ohne Ersuchen Folgendes mitzuteilen:

   a) bei neuen motorbetriebenen Landfahrzeugen die erstmalige Ausgabe von Fahrzeugbriefen oder die erstmalige Zuteilung eines amtlichen Kennzeichens bei zulassungsfreien Fahrzeugen. Gleichzeitig sind die in Nummer 2 Buchstabe a bezeichneten Daten und das zugeteilte amtliche Kennzeichen oder, wenn dieses noch nicht zugeteilt worden ist, die Nummer des Fahrzeugbriefs zu übermitteln,

   b) bei neuen Luftfahrzeugen die erstmalige Registrierung dieser Luftfahrzeuge. Gleichzeitig sind die in Nummer 3 Buchstabe a bezeichneten Daten und das zugeteilte amtliche Kennzeichen zu übermitteln. Als Registrierung im Sinne dieser Vorschrift gilt nicht die Eintragung eines Luftfahrzeugs in das Register für Pfandrechte an Luftfahrzeugen.

2. In den Fällen des innergemeinschaftlichen Erwerbs neuer motorbetriebener Landfahrzeuge (§ 1b Abs. 2 Satz 1 Nr. 1 und Abs. 3 Nr. 1) gilt Folgendes:

   a) Bei der erstmaligen Ausgabe eines Fahrzeugbriefs im Inland oder bei der erstmaligen Zuteilung eines amtlichen Kennzeichens für zulassungsfreie Fahrzeuge im Inland hat der Antragsteller die folgenden Angaben zur Übermittlung an die Finanzbehörden zu machen:

      aa) den Namen und die Anschrift des Antragstellers sowie das für ihn zuständige Finanzamt (§ 21 der Abgabenordnung),

      bb) den Namen und die Anschrift des Lieferers,

      cc) den Tag der Lieferung,

      dd) den Tag der ersten Inbetriebnahme,

      ee) den Kilometerstand am Tag der Lieferung,

ff)     die Fahrzeugart, den Fahrzeughersteller, den Fahrzeugtyp und die Fahrzeug-Identifizierungsnummer,

gg)     den Verwendungszweck.

Der Antragsteller ist zu den Angaben [31]nach Satz 1 Doppelbuchstabe aa und bb auch dann verpflichtet, wenn er nicht zu den in § 1a Abs. 1 Nr. 2 und § 1b Abs. 1 genannten Personen gehört oder wenn Zweifel daran bestehen, ob die Eigenschaften als neues Fahrzeug im Sinne des § 1b Abs. 3 Nr. 1 vorliegen. Die Zulassungsbehörde darf den Fahrzeugbrief oder bei zulassungsfreien Fahrzeugen den Nachweis über die Zuteilung des amtlichen Kennzeichens (§ 18 Abs. 5 der Straßenverkehrs-Zulassungs-Ordnung) erst aushändigen, wenn der Antragsteller die vorstehenden Angaben gemacht hat.

b)     Ist die Steuer für den innergemeinschaftlichen Erwerb nicht entrichtet worden, hat die Zulassungsbehörde auf Antrag des Finanzamts den Fahrzeugschein oder bei zulassungsfreien Fahrzeugen den Nachweis über die Zuteilung des amtlichen Kennzeichens (§ 18 Abs. 5 der Straßenverkehrs-Zulassungs-Ordnung) einzuziehen und das amtliche Kennzeichen zu entstempeln. An Stelle der Einziehung des Nachweises über die Zuteilung des amtlichen Kennzeichens bei zulassungsfreien Fahrzeugen kann auch der Vermerk über die Zuteilung des amtlichen Kennzeichens für ungültig erklärt werden. Die Zulassungsbehörde trifft die hierzu erforderlichen Anordnungen durch schriftlichen Verwaltungsakt (Abmeldungsbescheid). Das Finanzamt kann die Abmeldung von Amts wegen auch selbst vornehmen, wenn die Zulassungsbehörde das Verfahren noch nicht eingeleitet hat. Satz 3 gilt entsprechend. Das Finanzamt teilt die durchgeführte Abmeldung unverzüglich der Zulassungsbehörde mit und händigt dem Fahrzeughalter die vorgeschriebene Bescheinigung über die Abmeldung aus. Die Durchführung der Abmeldung von Amts wegen richtet sich nach dem Verwaltungsverfahrensgesetz. Für Streitigkeiten über Abmeldungen von Amts wegen ist der Verwaltungsrechtsweg gegeben.

3.     In den Fällen des innergemeinschaftlichen Erwerbs neuer Luftfahrzeuge (§ 1b Abs. 2 Satz 1 Nr. 3 und Abs. 3 Nr. 3) gilt Folgendes:

a)     Bei der erstmaligen Registrierung in der Luftfahrzeugrolle hat der Antragsteller die folgenden Angaben zur Übermittlung an die Finanzbehörden zu machen:

aa)     den Namen und die Anschrift des Antragstellers sowie das für ihn zuständige Finanzamt (§ 21 der Abgabenordnung),

---

[31] gilt ab dem 25. Dezember 2008

bb)   den Namen und die Anschrift des Lieferers,

cc)   den Tag der Lieferung,

dd)   das Entgelt (Kaufpreis),

ee)   den Tag der ersten Inbetriebnahme,

ff)   die Starthöchstmasse,

gg)   die Zahl der bisherigen Betriebsstunden am Tag der Lieferung,

hh)   den Flugzeughersteller und den Flugzeugtyp,

ii)   den Verwendungszweck.

Der Antragsteller ist zu den Angaben nach [32]Satz 1 Doppelbuchstabe aa und bb auch dann verpflichtet, wenn er nicht zu den in § 1a Abs. 1 Nr. 2 und § 1b Abs. 1 genannten Personen gehört oder wenn Zweifel daran bestehen, ob die Eigenschaften als neues Fahrzeug im Sinne des § 1b Abs. 3 Nr. 3 vorliegen. Das Luftfahrt-Bundesamt darf die Eintragung in der Luftfahrzeugrolle erst vornehmen, wenn der Antragsteller die vorstehenden Angaben gemacht hat.

b)   Ist die Steuer für den innergemeinschaftlichen Erwerb nicht entrichtet worden, so hat das Luftfahrt-Bundesamt auf Antrag des Finanzamts die Betriebserlaubnis zu widerrufen. Es trifft die hierzu erforderlichen Anordnungen durch schriftlichen Verwaltungsakt (Abmeldungsbescheid). Die Durchführung der Abmeldung von Amts wegen richtet sich nach dem Verwaltungsverfahrensgesetz. Für Streitigkeiten über Abmeldungen von Amts wegen ist der Verwaltungsrechtsweg gegeben.

(11) Die für die Steueraufsicht zuständigen Zolldienststellen wirken an der umsatzsteuerlichen Erfassung von Personenbeförderungen mit nicht im Inland zugelassenen Kraftomnibussen mit. Sie sind berechtigt, im Rahmen von zeitlich und örtlich begrenzten Kontrollen die nach ihrer äußeren Erscheinung nicht im Inland zugelassenen Kraftomnibusse anzuhalten und die tatsächlichen und rechtlichen Verhältnisse festzustellen, die für die Umsatzsteuer maßgebend sind, und die festgestellten Daten den zuständigen Finanzbehörden zu übermitteln.

---

[32] gilt ab dem 25. Dezember 2008

(12) Im Ausland ansässige Unternehmer (§ 13b Abs. 4), die grenzüberschreitende Personenbeförderungen mit nicht im Inland zugelassenen Kraftomnibussen durchführen, haben dies vor der erstmaligen Ausführung derartiger auf das Inland entfallender Umsätze (§ 3b Abs. 1 Satz 2) bei dem für die Umsatzbesteuerung zuständigen Finanzamt anzuzeigen, soweit diese Umsätze nicht der Beförderungseinzelbesteuerung (§ 16 Abs. 5) unterliegen oder der Leistungsempfänger die Steuer für derartige Umsätze nicht nach § 13b Abs. 2 Satz 1 oder Satz 3 schuldet. Das Finanzamt erteilt hierüber eine Bescheinigung. Die Bescheinigung ist während jeder Fahrt mitzuführen und auf Verlangen den für die Steueraufsicht zuständigen Zolldienststellen vorzulegen. Bei Nichtvorlage der Bescheinigung können diese Zolldienststellen eine Sicherheitsleistung nach den abgabenrechtlichen Vorschriften in Höhe der für die einzelne Beförderungsleistung voraussichtlich zu entrichtenden Steuer verlangen. Die entrichtete Sicherheitsleistung ist auf die nach Absatz 3 Satz 1 zu entrichtende Steuer anzurechnen.

**gilt bis zum 31. Dezember 2009**

**§ 18a**

**Zusammenfassende Meldung**

[33](1) **Der Unternehmer im Sinne des § 2 hat bis zum 10. Tag nach Ablauf jedes Kalendervierteljahres (Meldezeitraum), in dem er innergemeinschaftliche Warenlieferungen ausgeführt hat, dem Bundeszentralamt für Steuern eine Meldung nach amtlich vorgeschriebenem Datensatz durch Datenfernübertragung nach Maßgabe der Steuerdaten-Übermittlungsverordnung zu übermitteln, in der er die Angaben nach Absatz 4 zu machen hat.** Dies gilt auch, wenn er Lieferungen im Sinne des § 25b Abs. 2 ausgeführt hat. Satz 1 gilt nicht für Unternehmer, die § 19 Abs. 1 anwenden. **Auf Antrag kann das Finanzamt zur Vermeidung unbilliger Härten auf eine elektronische Übermittlung verzichten; in diesem Fall hat der Unternehmer eine Meldung nach amtlich vorgeschriebenem Vordruck abzugeben. § 150 Abs. 8 der Abgabenordnung gilt entsprechend.** Soweit das Finanzamt nach § 18 Abs. 1 Satz 1 auf eine elektronische Übermittlung der Voranmeldung verzichtet hat, gilt dies auch für die Zusammenfassende Meldung. Sind dem Unternehmer die Fristen für die Abgabe der Voranmeldungen um einen Monat verlängert worden (§§ 46 bis 48 der Durchführungsverordnung), gilt diese Fristverlängerung für die Übermittlung der Zusammenfassenden Meldung entsprechend. Für die Anwendung dieser Vorschrift gelten auch nichtselbständige juristische Personen im Sinne des § 2 Abs. 2 Nr. 2 als Unternehmer. Die Landesfinanzbehörden übermitteln dem Bundeszentralamt für Steuer die erforderlichen Angaben zur Bestimmung der Unternehmer, die nach Satz 1 zur Abgabe der Zusammenfassenden Meldung verpflichtet sind. Diese Angaben dürfen nur zur Sicherstellung der Abgabe der Zusammenfassenden Meldung verwendet werden. Das Bundeszentralamt für Steuern übermittelt den Landesfinanzbehörden die Angaben aus den Zusammenfassenden Meldungen, soweit diese für steuerliche Kontrollen benötigt werden.

---

[33] **gilt ab dem 1. Januar 2009**

(2) Eine innergemeinschaftliche Warenlieferung im Sinne dieser Vorschrift ist

1. eine innergemeinschaftliche Lieferung im Sinne des § 6a Abs. 1 mit Ausnahme der Lieferungen neuer Fahrzeuge an Abnehmer ohne Umsatzsteuer-Identifikationsnummer;

2. eine innergemeinschaftliche Lieferung im Sinne des § 6a Abs. 2.

(3) (weggefallen)

(4) Die Zusammenfassende Meldung muss folgende Angaben enthalten:

1. für innergemeinschaftliche Warenlieferungen im Sinne des Absatzes 2 Nr. 1

   a) die Umsatzsteuer-Identifikationsnummer jedes Erwerbers, die ihm in einem anderen Mitgliedstaat erteilt worden ist und unter der die innergemeinschaftlichen Warenlieferungen an ihn ausgeführt worden sind, und

   b) für jeden Erwerber die Summe der Bemessungsgrundlagen der an ihn ausgeführten innergemeinschaftlichen Warenlieferungen;

2. für innergemeinschaftliche Warenlieferungen im Sinne des Absatzes 2 Nr. 2

   a) die Umsatzsteuer-Identifikationsnummer des Unternehmers in den Mitgliedstaaten, in die er Gegenstände verbracht hat, und

   b) die darauf entfallende Summe der Bemessungsgrundlagen;

3. für Lieferungen im Sinne des § 25b Abs. 2

   a) die Umsatzsteuer-Identifikationsnummer eines jeden letzten Abnehmers, die diesem in dem Mitgliedstaat erteilt worden ist, in dem die Versendung oder Beförderung beendet worden ist,

   b) für jeden letzten Abnehmer die Summe der Bemessungsgrundlagen der an ihn ausgeführten Lieferungen und

   c) einen Hinweis auf das Vorliegen eines innergemeinschaftlichen Dreiecksgeschäfts.

§ 16 Abs. 6 und § 17 sind sinngemäß anzuwenden.

(5) Die Angaben nach Absatz 4 Nr. 1 und 2 sind für den Meldezeitraum zu machen, in dem die Rechnung für die innergemeinschaftliche Warenlieferung ausgestellt wird, spätestens jedoch für den Meldezeitraum, in dem der auf die Ausführung der innergemeinschaftlichen Warenlieferung folgende Monat endet. Die Angaben für Lieferungen im Sinne des § 25b Abs. 2 sind für den Meldezeitraum zu machen, in dem diese Lieferungen ausgeführt worden sind.

(6) Hat das Finanzamt den Unternehmer von der Verpflichtung zur Abgabe der Voranmeldungen und Entrichtung der Vorauszahlungen befreit (§ 18 Abs. 2 Satz 3), kann er die Zusammenfassende Meldung abweichend von Absatz 1 bis zum 10. Tag nach Ablauf jedes Kalenderjahres abgeben, in dem er innergemeinschaftliche Warenlieferungen ausgeführt hat, wenn

1.   die Summe seiner Lieferungen und sonstigen Leistungen im vorangegangenen Kalenderjahr 200 000 Euro nicht überstiegen hat und im laufenden Kalenderjahr voraussichtlich nicht übersteigen wird,

2.   die Summe seiner innergemeinschaftlichen Warenlieferungen im vorangegangenen Kalenderjahr 15 000 Euro nicht überstiegen hat und im laufenden Kalenderjahr voraussichtlich nicht übersteigen wird und

3.   es sich bei den in Nummer 2 bezeichneten Warenlieferungen nicht um Lieferungen neuer Fahrzeuge an Abnehmer mit Umsatzsteuer-Identifikationsnummer handelt.

Absatz 5 gilt entsprechend.

(7) Erkennt der Unternehmer nachträglich, dass eine von ihm abgegebene Zusammenfassende Meldung unrichtig oder unvollständig ist, so ist er verpflichtet, die ursprüngliche Zusammenfassende Meldung innerhalb von drei Monaten zu berichtigen.

(8) Auf die Zusammenfassenden Meldungen sind ergänzend die für Steuererklärungen geltenden Vorschriften der Abgabenordnung anzuwenden. § 152 Abs. 2 der Abgabenordnung ist mit der Maßgabe anzuwenden, dass der Verspätungszuschlag 1 Prozent der Summe aller nach Absatz 4 Satz 1 Nr. 1 Buchstabe b und Nr. 2 Buchstabe b zu meldenden Bemessungsgrundlagen für innergemeinschaftliche Warenlieferungen im Sinne des Absatzes 2 nicht übersteigen und höchstens 2 500 Euro betragen darf.

(9) Zur Erleichterung und Vereinfachung der Abgabe und Verarbeitung von Zusammenfassenden Meldungen kann das Bundesministerium der Finanzen durch Rechtsverordnung mit Zustimmung des Bundesrates bestimmen, dass die Zusammenfassende Meldung auf maschinell verwertbaren Datenträgern oder durch Datenfernübertragung übermittelt werden kann. Dabei können insbesondere geregelt werden:

1. die Voraussetzungen für die Anwendung des Verfahrens;

2. das Nähere über Form, Inhalt, Verarbeitung und Sicherung der zu übermittelnden Daten;

3. die Art und Weise der Übermittlung der Daten;

4. die Zuständigkeit für die Entgegennahme der zu übermittelnden Daten;

5. die Mitwirkungspflichten Dritter bei der Erhebung, Verarbeitung und Übermittlung der Daten;

6. der Umfang und die Form der für dieses Verfahren erforderlichen besonderen Erklärungspflichten des Unternehmers.

Zur Regelung der Datenübermittlung kann in der Rechtsverordnung auf Veröffentlichungen sachverständiger Stellen verwiesen werden; hierbei sind das Datum der Veröffentlichung, die Bezugsquelle und eine Stelle zu bezeichnen, bei der die Veröffentlichung archivmäßig gesichert niedergelegt ist.

**gilt ab dem 1. Januar 2010**

**§ 18a**

**Zusammenfassende Meldung**

[34]**(1) Der Unternehmer im Sinne des § 2 hat bis zum 10. Tag nach Ablauf jedes Kalendervierteljahres (Meldezeitraum), in dem er innergemeinschaftliche Warenlieferungen ausgeführt hat, dem Bundeszentralamt für Steuern eine Meldung nach amtlich vorgeschriebenem Datensatz durch Datenfernübertragung nach Maßgabe der Steuerdaten-Übermittlungsverordnung zu übermitteln, in der er die Angaben nach Absatz 4 zu machen hat. Dies gilt auch, wenn er im übrigen Gemeinschaftsgebiet steuerpflichtige sonstige Leistungen ausgeführt hat, für die der in einem anderen Mitgliedstaat ansässige Leistungsempfänger die Steuer dort schuldet, oder Lieferungen im Sinne des § 25b Abs. 2 ausgeführt hat.** Satz 1 gilt nicht für Unternehmer, die § 19 Abs. 1 anwenden. **Auf Antrag kann das Finanzamt zur Vermeidung unbilliger Härten auf eine elektronische Übermittlung verzichten; in diesem Fall hat der Unternehmer eine Meldung nach amtlich vorgeschriebenem Vordruck abzugeben. § 150 Abs. 8 der Abgabenordnung gilt entsprechend.** Soweit das Finanzamt nach § 18 Abs. 1 Satz 1 auf eine elektronische Übermittlung der Voranmeldung verzichtet hat, gilt dies auch für die Zusammenfassende Meldung. Sind dem Unternehmer die Fristen für die Abgabe der Voranmeldungen um

---

[34] **gilt ab dem 1. Januar 2009; Satz 2 i.d.F. ab dem 1. Januar 2010**

einen Monat verlängert worden (§§ 46 bis 48 der Durchführungsverordnung), gilt diese Fristverlängerung für die Übermittlung der Zusammenfassenden Meldung entsprechend. Für die Anwendung dieser Vorschrift gelten auch nichtselbständige juristische Personen im Sinne des § 2 Abs. 2 Nr. 2 als Unternehmer. Die Landesfinanzbehörden übermitteln dem Bundeszentralamt für Steuer die erforderlichen Angaben zur Bestimmung der Unternehmer, die nach Satz 1 zur Abgabe der Zusammenfassenden Meldung verpflichtet sind. Diese Angaben dürfen nur zur Sicherstellung der Abgabe der Zusammenfassenden Meldung verwendet werden. Das Bundeszentralamt für Steuern übermittelt den Landesfinanzbehörden die Angaben aus den Zusammenfassenden Meldungen, soweit diese für steuerliche Kontrollen benötigt werden.

(2) Eine innergemeinschaftliche Warenlieferung im Sinne dieser Vorschrift ist

1.      eine innergemeinschaftliche Lieferung im Sinne des § 6a Abs. 1 mit Ausnahme der Lieferungen neuer Fahrzeuge an Abnehmer ohne Umsatzsteuer-Identifikationsnummer;

2.      eine innergemeinschaftliche Lieferung im Sinne des § 6a Abs. 2.

(3) (weggefallen)

(4) Die Zusammenfassende Meldung muss folgende Angaben enthalten:

1.      für innergemeinschaftliche Warenlieferungen im Sinne des Absatzes 2 Nr. 1

        a)      die Umsatzsteuer-Identifikationsnummer jedes Erwerbers, die ihm in einem anderen Mitgliedstaat erteilt worden ist und unter der die innergemeinschaftlichen Warenlieferungen an ihn ausgeführt worden sind, und

        b)      für jeden Erwerber die Summe der Bemessungsgrundlagen der an ihn ausgeführten innergemeinschaftlichen Warenlieferungen;

2.      für innergemeinschaftliche Warenlieferungen im Sinne des Absatzes 2 Nr. 2

        a)      die Umsatzsteuer-Identifikationsnummer des Unternehmers in den Mitgliedstaaten, in die er Gegenstände verbracht hat, und

        b)      die darauf entfallende Summe der Bemessungsgrundlagen;

[35]**3.      für im übrigen Gemeinschaftsgebiet ausgeführte steuerpflichtige sonstige Leistungen, für die der in einem anderen Mitgliedstaat ansässige Leistungsempfänger die Steuer dort schuldet,**

---

[35] gilt ab dem 1. Januar 2010

a) die Umsatzsteuer-Identifikationsnummer jedes Leistungsempfängers, die ihm in einem anderen Mitgliedstaat erteilt worden ist und unter der die steuerpflichtigen sonstigen Leistungen an ihn erbracht wurden, und

b) für jeden Leistungsempfänger die Summe der Bemessungsgrundlagen der an ihn erbrachten steuerpflichtigen sonstigen Leistungen;

4. für Lieferungen im Sinne des § 25b Abs. 2

a) die Umsatzsteuer-Identifikationsnummer eines jeden letzten Abnehmers, die diesem in dem Mitgliedstaat erteilt worden ist, in dem die Versendung oder Beförderung beendet worden ist,

b) für jeden letzten Abnehmer die Summe der Bemessungsgrundlagen der an ihn ausgeführten Lieferungen und

c) einen Hinweis auf das Vorliegen eines innergemeinschaftlichen Dreiecksgeschäfts.

§ 16 Abs. 6 und § 17 sind sinngemäß anzuwenden.

(5) [36]Die Angaben nach Absatz 4 Nr. 1 bis 3 sind für den Meldezeitraum zu machen, in dem die Rechnung für die innergemeinschaftliche Warenlieferung oder die im übrigen Gemeinschaftsgebiet ausgeführte steuerpflichtige sonstige Leistung, für die der in einem anderen Mitgliedstaat ansässige Leistungsempfänger die Steuer dort schuldet, ausgestellt wird, spätestens jedoch für den Meldezeitraum, in dem der auf die Ausführung der innergemeinschaftlichen Warenlieferung oder der im übrigen Gemeinschaftsgebiet steuerpflichtigen sonstigen Leistung an in einem anderen Mitgliedstaat ansässigen Leistungsempfänger, für die der die Steuer dort schuldet, folgende Monat endet. Die Angaben für Lieferungen im Sinne des § 25b Abs. 2 sind für den Meldezeitraum zu machen, in dem diese Lieferungen ausgeführt worden sind.

(6) [37]Hat das Finanzamt den Unternehmer von der Verpflichtung zur Abgabe der Voranmeldungen und Entrichtung der Vorauszahlungen befreit (§ 18 Abs. 2 Satz 3), kann er die Zusammenfassende Meldung abweichend von Absatz 1 bis zum 10. Tag nach Ablauf jedes Kalenderjahres abgeben, in dem er innergemeinschaftliche Warenlieferungen ausgeführt hat oder im übrigen Gemeinschaftsgebiet steuerpflichtige sonstige Leistungen ausgeführt hat, für die der in einem anderen Mitgliedstaat ansässige Leistungsempfänger die Steuer dort schuldet, wenn

---

[36] gilt ab dem 1. Januar 2010
[37] gilt ab dem 1. Januar 2010

1.  die Summe seiner Lieferungen und sonstigen Leistungen im vorangegangenen Kalenderjahr 200 000 Euro nicht überstiegen hat und im laufenden Kalenderjahr voraussichtlich nicht übersteigen wird,

2.  die Summe seiner innergemeinschaftlichen Warenlieferungen oder im übrigen Gemeinschaftsgebiet ausgeführten steuerpflichtigen sonstigen Leistungen, für die der in einem anderen Mitgliedstaaten ansässige Leistungsempfänger die Steuer dort schuldet, im vorangegangenen Kalenderjahr 15 000 Euro nicht überstiegen hat und im laufenden Kalenderjahr voraussichtlich nicht übersteigen wird und

3.  es sich bei den in Nummer 2 bezeichneten Warenlieferungen nicht um Lieferungen neuer Fahrzeuge an Abnehmer mit Umsatzsteuer-Identifikationsnummer handelt.

Absatz 5 gilt entsprechend.

(7) Erkennt der Unternehmer nachträglich, dass eine von ihm abgegebene Zusammenfassende Meldung unrichtig oder unvollständig ist, so ist er verpflichtet, die ursprüngliche Zusammenfassende Meldung innerhalb von drei Monaten zu berichtigen.

[38](8) Auf die Zusammenfassenden Meldungen sind ergänzend die für Steuererklärungen geltenden Vorschriften der Abgabenordnung anzuwenden. § 152 Abs. 2 der Abgabenordnung ist mit der Maßgabe anzuwenden, dass der Verspätungszuschlag 1 Prozent der Summe aller nach Absatz 4 Satz 1 Nr. 1 Buchstabe b, Nr. 2 Buchstabe b und Nr. 3 Buchstabe b zu meldenden Bemessungsgrundlagen für innergemeinschaftliche Warenlieferungen im Sinne des Absatzes 2 und im übrigen Gemeinschaftsgebiet ausgeführte steuerpflichtige sonstige Leistungen, für die der in einem anderen Mitgliedstaaten ansässige Leistungsempfänger die Steuer dort schuldet, nicht übersteigen und höchstens 2 500 Euro betragen darf.

(9) Zur Erleichterung und Vereinfachung der Abgabe und Verarbeitung von Zusammenfassenden Meldungen kann das Bundesministerium der Finanzen durch Rechtsverordnung mit Zustimmung des Bundesrates bestimmen, dass die Zusammenfassende Meldung auf maschinell verwertbaren Datenträgern oder durch Datenfernübertragung übermittelt werden kann. Dabei können insbesondere geregelt werden:

1.  die Voraussetzungen für die Anwendung des Verfahrens;

2.  das Nähere über Form, Inhalt, Verarbeitung und Sicherung der zu übermittelnden Daten;

3.  die Art und Weise der Übermittlung der Daten;

---

[38] gilt ab dem 1. Januar 2010

4. die Zuständigkeit für die Entgegennahme der zu übermittelnden Daten;

5. die Mitwirkungspflichten Dritter bei der Erhebung, Verarbeitung und Übermittlung der Daten;

6. der Umfang und die Form der für dieses Verfahren erforderlichen besonderen Erklärungspflichten des Unternehmers.

Zur Regelung der Datenübermittlung kann in der Rechtsverordnung auf Veröffentlichungen sachverständiger Stellen verwiesen werden; hierbei sind das Datum der Veröffentlichung, die Bezugsquelle und eine Stelle zu bezeichnen, bei der die Veröffentlichung archivmäßig gesichert niedergelegt ist.

**gilt bis zum 31. Dezember 2009**

**§ 18b**

**Gesonderte Erklärung innergemeinschaftlicher Lieferungen im Besteuerungsverfahren**

Der Unternehmer im Sinne des § 2 hat für jeden Voranmeldungs- und Besteuerungszeitraum in den amtlich vorgeschriebenen Vordrucken (§ 18 Abs. 1 bis 4) die Bemessungsgrundlagen seiner innergemeinschaftlichen Lieferungen und seiner Lieferungen im Sinne des § 25b Abs. 2 gesondert zu erklären. Die Angaben sind in dem Voranmeldungszeitraum zu machen, in dem die Rechnung für die innergemeinschaftliche Lieferung ausgestellt wird, spätestens jedoch in dem Voranmeldungszeitraum, in dem der auf die Ausführung der innergemeinschaftlichen Lieferung folgende Monat endet. Die Angaben für Lieferungen im Sinne des § 25b Abs. 2 sind in dem Voranmeldungszeitraum zu machen, in dem diese Lieferungen ausgeführt worden sind. § 16 Abs. 6 und § 17 sind sinngemäß anzuwenden. Erkennt der Unternehmer nachträglich vor Ablauf der Festsetzungsfrist, dass in einer von ihm abgegebenen Voranmeldung (§ 18 Abs. 1) die Angaben zu innergemeinschaftlichen Lieferungen unrichtig oder unvollständig sind, so ist er verpflichtet, die ursprüngliche Voranmeldung unverzüglich zu berichtigen. Die Sätze 2 bis 5 gelten für die Steuererklärung (§ 18 Abs. 3 und 4) entsprechend.

**gilt ab dem 1. Januar 2010**

**§ 18b**

**Gesonderte Erklärung innergemeinschaftlicher Lieferungen und bestimmter sonstiger Leistungen im Besteuerungsverfahren**

**Der Unternehmer im Sinne des § 2 hat für jeden Voranmeldungs- und Besteuerungszeitraum in den amtlich vorgeschriebenen Vordrucken (§ 18 Abs. 1 bis 4) die Bemessungsgrundlagen folgender Umsätze gesondert zu erklären:**

**1.     seiner innergemeinschaftlichen Lieferungen,**

**2.     seiner im übrigen Gemeinschaftsgebiet ausgeführten steuerpflichtigen sonstigen Leistungen, für die der in einem anderen Mitgliedstaat ansässige Leistungsempfänger die Steuer dort schuldet, und**

**3.     seiner Lieferungen im Sinne des § 25b Abs. 2.**

**Die Angaben sind in dem Voranmeldungszeitraum zu machen, in dem die Rechnung für einen in Satz 1 Nr. 1 oder Nr. 2 genannten Umsatz ausgestellt wird, spätestens jedoch in dem Voranmeldungszeitraum, in dem der auf die Ausführung dieses Umsatzes folgende Monat endet. Die Angaben für Umsätze im Sinne des Satzes 1 Nr. 3 sind in dem Voranmeldungszeitraum zu machen, in dem diese Lieferungen ausgeführt worden sind. § 16 Abs. 6 und § 17 sind sinngemäß anzuwenden. Erkennt der Unternehmer nachträglich vor Ablauf der Festsetzungsfrist, dass in einer von ihm abgegebenen Voranmeldung (§ 18 Abs. 1) die Angaben zu Umsätzen im Sinne des Satzes 1 unrichtig oder unvollständig sind, ist er verpflichtet, die ursprüngliche Voranmeldung unverzüglich zu berichtigen. Die Sätze 2 bis 5 gelten für die Steuererklärung (§ 18 Abs. 3 und 4) entsprechend.**

## § 18c

### Meldepflicht bei der Lieferung neuer Fahrzeuge

Zur Sicherung des Steueraufkommens durch einen Austausch von Auskünften mit anderen Mitgliedstaaten kann das Bundesministerium der Finanzen mit Zustimmung des Bundesrates durch Rechtsverordnung bestimmen, dass Unternehmer (§ 2) und Fahrzeuglieferer (§ 2a) der Finanzbehörde ihre innergemeinschaftlichen Lieferungen neuer Fahrzeuge an Abnehmer ohne Umsatzsteuer-Identifikationsnummer melden müssen. Dabei können insbesondere geregelt werden:

1.     die Art und Weise der Meldung;

2.     der Inhalt der Meldung;

3.     die Zuständigkeit der Finanzbehörden;

4.      der Abgabezeitpunkt der Meldung.

5.      (weggefallen)

## § 18d

### Vorlage von Urkunden

Die Finanzbehörden sind zur Erfüllung der Auskunftsverpflichtung nach der Verordnung (EG) Nr. 1798/2003 des Rates vom 7. Oktober 2003 über die Zusammenarbeit der Verwaltungsbehörden auf dem Gebiet der Mehrwertsteuer und zur Aufhebung der Verordnung (EWG) Nr. 218/92 (ABl. EU Nr. L 264 S. 1) berechtigt, von Unternehmern die Vorlage der jeweils erforderlichen Bücher, Aufzeichnungen, Geschäftspapiere und anderen Urkunden zur Einsicht und Prüfung zu verlangen. § 97 Abs. 3 der Abgabenordnung gilt entsprechend. Der Unternehmer hat auf Verlangen der Finanzbehörde die in Satz 1 bezeichneten Unterlagen vorzulegen.

## § 18e

### Bestätigungsverfahren

Das Bundeszentralamt für Steuern bestätigt auf Anfrage

1.      dem Unternehmer im Sinne des § 2 die Gültigkeit einer Umsatzsteuer-Identifikationsnummer sowie den Namen und die Anschrift der Person, der die Umsatzsteuer-Identifikationsnummer von einem anderen Mitgliedstaat erteilt wurde;

2.      dem Lagerhalter im Sinne des § 4 Nr. 4a die Gültigkeit der inländischen Umsatzsteuer-Identifikationsnummer sowie den Namen und die Anschrift des Auslagerers oder dessen Fiskalvertreters.

## § 18f

### Sicherheitsleistung

Bei Steueranmeldungen im Sinne von § 18 Abs. 1 und 3 kann die Zustimmung nach § 168 Satz 2 der Abgabenordnung im Einvernehmen mit dem Unternehmer von einer Sicherheitsleistung abhängig gemacht werden. Satz 1 gilt entsprechend für die Festsetzung nach § 167 Abs. 1 Satz 1 der Abgabenordnung, wenn sie zu einer Erstattung führt.

**gilt ab dem 1. Januar 2010**

[39]**§ 18g**

**Abgabe des Antrags auf Vergütung von Vorsteuerbeträgen in einem anderen Mitgliedstaat**

Ein im Inland ansässiger Unternehmer, der Anträge auf Vergütung von Vorsteuerbeträgen entsprechend der Richtlinie 2008/9/EG des Rates vom 12. Februar 2008 zur Regelung der Erstattung der Mehrwertsteuer gemäß der Richtlinie 2006/112/EG an nicht im Mitgliedstaat der Erstattung, sondern in einem anderen Mitgliedstaat ansässige Steuerpflichtige (ABl. EU Nr. L 44 S. 23) in einem anderen Mitgliedstaat stellen kann, hat diesen Antrag nach amtlich vorgeschriebenem Datensatz durch Datenfernübertragung nach Maßgabe der Steuerdaten-Übermittlungsverordnung dem Bundeszentralamt für Steuern zu übermitteln. In diesem hat er die Steuer für den Vergütungszeitraum selbst zu berechnen.

**§ 19**

**Besteuerung der Kleinunternehmer**

(1) Die für Umsätze im Sinne des § 1 Abs. 1 Nr. 1 geschuldete Umsatzsteuer wird von Unternehmern, die im Inland oder in den in § 1 Abs. 3 bezeichneten Gebieten ansässig sind, nicht erhoben, wenn der in Satz 2 bezeichnete Umsatz zuzüglich der darauf entfallenden Steuer im vorangegangenen Kalenderjahr 17 500 Euro nicht überstiegen hat und im laufenden Kalenderjahr 50 000 Euro voraussichtlich nicht übersteigen wird. Umsatz im Sinne des Satzes 1 ist der nach vereinnahmten Entgelten bemessene Gesamtumsatz, gekürzt um die darin enthaltenen Umsätze von Wirtschaftsgütern des Anlagevermögens. Satz 1 gilt nicht für die nach § 13a Abs. 1 Nr. 6, § 13b Abs. 2, § 14c Abs. 2 und § 25b Abs. 2 geschuldete Steuer. In den Fällen des Satzes 1 finden die Vorschriften über die Steuerbefreiung innergemeinschaftlicher Lieferungen (§ 4 Nr. 1 Buchstabe b, § 6a), über den Verzicht auf Steuerbefreiungen (§ 9), über den gesonderten Ausweis der Steuer in einer Rechnung (§ 14 Abs. 4), über die Angabe der Umsatzsteuer-Identifikationsnummern in einer Rechnung (§ 14a Abs. 1, 3 und 7) und über den Vorsteuerabzug (§ 15) keine Anwendung.

(2) Der Unternehmer kann dem Finanzamt bis zur Unanfechtbarkeit der Steuerfestsetzung (§ 18 Abs. 3 und 4) erklären, dass er auf die Anwendung des Absatzes 1 verzichtet. Nach Eintritt der Unanfechtbarkeit der

---

[39] **neu eingefügt; zur Anwendung s. § 27 Abs. 14**

Steuerfestsetzung bindet die Erklärung den Unternehmer mindestens für fünf Kalenderjahre. Sie kann nur mit Wirkung vom Beginn eines Kalenderjahres an widerrufen werden. Der Widerruf ist spätestens bis zur Unanfechtbarkeit der Steuerfestsetzung des Kalenderjahres, für das er gelten soll, zu erklären.

(3) Gesamtumsatz ist die Summe der vom Unternehmer ausgeführten steuerbaren Umsätze im Sinne des § 1 Abs. 1 Nr. 1 abzüglich folgender Umsätze:

1.    der Umsätze, die nach § 4 Nr. 8 Buchstabe i, Nr. 9 Buchstabe b und Nr. 11 bis 28 steuerfrei sind;

2.    der Umsätze, die nach § 4 Nr. 8 Buchstabe a bis h, Nr. 9 Buchstabe a und Nr. 10 steuerfrei sind, wenn sie Hilfsumsätze sind.

Soweit der Unternehmer die Steuer nach vereinnahmten Entgelten berechnet (§ 13 Abs. 1 Nr. 1 Buchstabe a Satz 4 oder § 20), ist auch der Gesamtumsatz nach diesen Entgelten zu berechnen. Hat der Unternehmer seine gewerbliche oder berufliche Tätigkeit nur in einem Teil des Kalenderjahres ausgeübt, so ist der tatsächliche Gesamtumsatz in einen Jahresgesamtumsatz umzurechnen. Angefangene Kalendermonate sind bei der Umrechnung als volle Kalendermonate zu behandeln, es sei denn, dass die Umrechnung nach Tagen zu einem niedrigeren Jahresgesamtumsatz führt.

(4) Absatz 1 gilt nicht für die innergemeinschaftlichen Lieferungen neuer Fahrzeuge. § 15 Abs. 4a ist entsprechend anzuwenden.


# § 20

## Berechnung der Steuer nach vereinnahmten Entgelten

(1) Das Finanzamt kann auf Antrag gestatten, dass ein Unternehmer,

1.    dessen Gesamtumsatz (§ 19 Abs. 3) im vorangegangenen Kalenderjahr nicht mehr als 250 000 Euro betragen hat, oder

2.    der von der Verpflichtung, Bücher zu führen und auf Grund jährlicher Bestandsaufnahmen regelmäßig Abschlüsse zu machen, nach § 148 der Abgabenordnung befreit ist, oder

3.    soweit er Umsätze aus einer Tätigkeit als Angehöriger eines freien Berufs im Sinne des § 18 Abs. 1 Nr. 1 des Einkommensteuergesetzes ausführt,

die Steuer nicht nach den vereinbarten Entgelten (§ 16 Abs. 1 Satz 1), sondern nach den vereinnahmten Entgelten berechnet. Erstreckt sich die Befreiung nach Satz 1 Nr. 2 nur auf einzelne Betriebe des Unternehmers und liegt die Voraussetzung nach Satz 1 Nr. 1 nicht vor, so ist die Erlaubnis zur Berechnung der Steuer nach den vereinnahmten Entgelten auf diese Betriebe zu beschränken. Wechselt der Unternehmer die Art der Steuerberechnung, so dürfen Umsätze nicht doppelt erfasst werden oder unversteuert bleiben.

(2) Vom 1. Januar 1996 bis zum 31. Dezember 2009 gilt Absatz 1 Satz 1 Nr. 1 mit der Maßgabe, dass bei Unternehmern, für deren Besteuerung nach dem Umsatz nach § 21 Abs. 1 Satz 1 der Abgabenordnung ein Finanzamt in dem in Artikel 3 des Einigungsvertrages bezeichneten Gebiet zuständig ist, an die Stelle des Betrags von 250 000 Euro der Betrag von 500 000 Euro tritt.


# § 21

## Besondere Vorschriften für die Einfuhrumsatzsteuer

(1) Die Einfuhrumsatzsteuer ist eine Verbrauchsteuer im Sinne der Abgabenordnung.

(2) Für die Einfuhrumsatzsteuer gelten die Vorschriften für Zölle sinngemäß; ausgenommen sind die Vorschriften über den aktiven Veredelungsverkehr nach dem Verfahren der Zollrückvergütung und über den passiven Veredelungsverkehr.

(2a) Abfertigungsplätze im Ausland, auf denen dazu befugte deutsche Zollbedienstete Amtshandlungen nach Absatz 2 vornehmen, gehören insoweit zum Inland. Das Gleiche gilt für ihre Verbindungswege mit dem Inland, soweit auf ihnen einzuführende Gegenstände befördert werden.

(3) Die Zahlung der Einfuhrumsatzsteuer kann ohne Sicherheitsleistung aufgeschoben werden, wenn die zu entrichtende Steuer nach § 15 Abs. 1 Satz 1 Nr. 2 in voller Höhe als Vorsteuer abgezogen werden kann.

(4) Entsteht für den eingeführten Gegenstand nach dem Zeitpunkt des Entstehens der Einfuhrumsatzsteuer eine Zollschuld oder eine Verbrauchsteuer oder wird für den eingeführten Gegenstand nach diesem Zeitpunkt eine Verbrauchsteuer unbedingt, so entsteht gleichzeitig eine weitere Einfuhrumsatzsteuer. Das gilt auch, wenn der Gegenstand nach dem in Satz 1 bezeichneten Zeitpunkt bearbeitet oder verarbeitet worden ist. Bemessungsgrundlage ist die entstandene Zollschuld oder die entstandene oder unbedingt gewordene Verbrauchsteuer. Steuerschuldner ist, wer den Zoll oder die Verbrauchsteuer zu entrichten hat. Die Sätze 1 bis 4 gelten nicht, wenn derjenige, der den Zoll oder die Verbrauchsteuer zu entrichten hat, hinsichtlich des eingeführten Gegenstands nach § 15 Abs. 1 Satz 1 Nr. 2 zum Vorsteuerabzug berechtigt ist.

(5) Die Absätze 2 bis 4 gelten entsprechend für Gegenstände, die nicht Waren im Sinne des Zollrechts sind und für die keine Zollvorschriften bestehen.

## § 22

### Aufzeichnungspflichten

(1) Der Unternehmer ist verpflichtet, zur Feststellung der Steuer und der Grundlagen ihrer Berechnung Aufzeichnungen zu machen. Diese Verpflichtung gilt in den Fällen des § 13a Abs. 1 Nr. 2 und 5, des § 13b Abs. 2 und des § 14c Abs. 2 auch für Personen, die nicht Unternehmer sind. Ist ein land- und forstwirtschaftlicher Betrieb nach § 24 Abs. 3 als gesondert geführter Betrieb zu behandeln, so hat der Unternehmer Aufzeichnungspflichten für diesen Betrieb gesondert zu erfüllen. In den Fällen des § 18 Abs. 4c und 4d sind die erforderlichen Aufzeichnungen auf Anfrage des Bundeszentralamtes für Steuern auf elektronischem Weg zur Verfügung zu stellen.

(2) Aus den Aufzeichnungen müssen zu ersehen sein:

1.  die vereinbarten Entgelte für die vom Unternehmer ausgeführten Lieferungen und sonstigen Leistungen. Dabei ist ersichtlich zu machen, wie sich die Entgelte auf die steuerpflichtigen Umsätze, getrennt nach Steuersätzen, und auf die steuerfreien Umsätze verteilen. Dies gilt entsprechend für die Bemessungsgrundlagen nach § 10 Abs. 4, wenn Lieferungen im Sinne des § 3 Abs. 1b, sonstige Leistungen im Sinne des § 3 Abs. 9a sowie des § 10 Abs. 5 ausgeführt werden. Aus den Aufzeichnungen muss außerdem hervorgehen, welche Umsätze der Unternehmer nach § 9 als steuerpflichtig behandelt. Bei der Berechnung der Steuer nach vereinnahmten Entgelten (§ 20) treten an die Stelle der vereinbarten Entgelte die vereinnahmten Entgelte. Im Fall des § 17 Abs. 1 Satz 6 hat der Unternehmer, der die auf die Minderung des Entgelts entfallende Steuer an das Finanzamt entrichtet, den Betrag der Entgeltsminderung gesondert aufzuzeichnen;

2.  die vereinnahmten Entgelte und Teilentgelte für noch nicht ausgeführte Lieferungen und sonstige Leistungen. Dabei ist ersichtlich zu machen, wie sich die Entgelte und Teilentgelte auf die steuerpflichtigen Umsätze, getrennt nach Steuersätzen, und auf die steuerfreien Umsätze verteilen. Nummer 1 Satz 4 gilt entsprechend;

3.  die Bemessungsgrundlage für Lieferungen im Sinne des § 3 Abs. 1b und für sonstige Leistungen im Sinne des § 3 Abs. 9a Nr. 1. Nummer 1 Satz 2 gilt entsprechend;

4.  die wegen unrichtigen Steuerausweises nach § 14c Abs. 1 und wegen unberechtigten Steuerausweises nach § 14c Abs. 2 geschuldeten Steuerbeträge;

5.  die Entgelte für steuerpflichtige Lieferungen und sonstige Leistungen, die an den Unternehmer für sein Unternehmen ausgeführt worden sind, und die vor Ausführung dieser Umsätze gezahlten Entgelte und Teilentgelte, soweit für diese Umsätze nach § 13 Abs. 1 Nr. 1 Buchstabe a Satz 4 die Steuer entsteht, sowie die auf die Entgelte und Teilentgelte entfallenden Steuerbeträge;

6.  die Bemessungsgrundlagen für die Einfuhr von Gegenständen (§ 11), die für das Unternehmen des Unternehmers eingeführt worden sind, sowie die dafür entrichtete oder in den Fällen des § 16 Abs. 2 Satz 4 zu entrichtende Einfuhrumsatzsteuer;

7.  die Bemessungsgrundlagen für den innergemeinschaftlichen Erwerb von Gegenständen sowie die hierauf entfallenden Steuerbeträge;

8.  in den Fällen des § 13b Abs. 1 und 2 beim Leistungsempfänger die Angaben entsprechend den Nummern 1 und 2. Der Leistende hat die Angaben nach den Nummern 1 und 2 gesondert aufzuzeichnen;

9.  die Bemessungsgrundlage für Umsätze im Sinne des § 4 Nr. 4a Satz 1 Buchstabe a Satz 2 sowie die hierauf entfallenden Steuerbeträge.

(3) Die Aufzeichnungspflichten nach Absatz 2 Nr. 5 und 6 entfallen, wenn der Vorsteuerabzug ausgeschlossen ist (§ 15 Abs. 2 und 3). Ist der Unternehmer nur teilweise zum Vorsteuerabzug berechtigt, so müssen aus den Aufzeichnungen die Vorsteuerbeträge eindeutig und leicht nachprüfbar zu ersehen sein, die den zum Vorsteuerabzug berechtigenden Umsätzen ganz oder teilweise zuzurechnen sind. Außerdem hat der Unternehmer in diesen Fällen die Bemessungsgrundlagen für die Umsätze, die nach § 15 Abs. 2 und 3 den Vorsteuerabzug ausschließen, getrennt von den Bemessungsgrundlagen der übrigen Umsätze, ausgenommen die Einfuhren und die innergemeinschaftlichen Erwerbe, aufzuzeichnen. Die Verpflichtung zur Trennung der Bemessungsgrundlagen nach Absatz 2 Nr. 1 Satz 2, Nr. 2 Satz 2 und Nr. 3 Satz 2 bleibt unberührt.

(4) In den Fällen des § 15a hat der Unternehmer die Berechnungsgrundlagen für den Ausgleich aufzuzeichnen, der von ihm in den in Betracht kommenden Kalenderjahren vorzunehmen ist.

(4a) Gegenstände, die der Unternehmer zu seiner Verfügung vom Inland in das übrige Gemeinschaftsgebiet verbringt, müssen aufgezeichnet werden, wenn

1.  an den Gegenständen im übrigen Gemeinschaftsgebiet Arbeiten ausgeführt werden,

2.  es sich um eine vorübergehende Verwendung handelt, mit den Gegenständen im übrigen Gemeinschaftsgebiet sonstige Leistungen ausgeführt werden und der Unternehmer in dem betreffenden Mitgliedstaat keine Zweigniederlassung hat oder

3. es sich um eine vorübergehende Verwendung im übrigen Gemeinschaftsgebiet handelt und in entsprechenden Fällen die Einfuhr der Gegenstände aus dem Drittlandsgebiet vollständig steuerfrei wäre.

(4b) Gegenstände, die der Unternehmer von einem im übrigen Gemeinschaftsgebiet ansässigen Unternehmer mit Umsatzsteuer-Identifikationsnummer zur Ausführung einer sonstigen Leistung im Sinne des [40]**§ 3a Abs. 2 Nr. 3 Buchstabe c** erhält, müssen aufgezeichnet werden.

(4c) Der Lagerhalter, der ein Umsatzsteuerlager im Sinne des § 4 Nr. 4a betreibt, hat Bestandsaufzeichnungen über die eingelagerten Gegenstände und Aufzeichnungen über Leistungen im Sinne des § 4 Nr. 4a Satz 1 Buchstabe b Satz 1 zu führen. Bei der Auslagerung eines Gegenstands aus dem Umsatzsteuerlager muss der Lagerhalter Name, Anschrift und die inländische Umsatzsteuer-Identifikationsnummer des Auslagerers oder dessen Fiskalvertreters aufzeichnen.

(4d) Im Fall der Abtretung eines Anspruchs auf die Gegenleistung für einen steuerpflichtigen Umsatz an einen anderen Unternehmer (§ 13c) hat

1. der leistende Unternehmer den Namen und die Anschrift des Abtretungsempfängers sowie die Höhe des abgetretenen Anspruchs auf die Gegenleistung aufzuzeichnen;

2. der Abtretungsempfänger den Namen und die Anschrift des leistenden Unternehmers, die Höhe des abgetretenen Anspruchs auf die Gegenleistung sowie die Höhe der auf den abgetretenen Anspruch vereinnahmten Beträge aufzuzeichnen. Sofern der Abtretungsempfänger die Forderung oder einen Teil der Forderung an einen Dritten abtritt, hat er zusätzlich den Namen und die Anschrift des Dritten aufzuzeichnen.

Satz 1 gilt entsprechend bei der Verpfändung oder der Pfändung von Forderungen. An die Stelle des Abtretungsempfängers tritt im Fall der Verpfändung der Pfandgläubiger und im Fall der Pfändung der Vollstreckungsgläubiger.

(4e) Wer in den Fällen des § 13c Zahlungen nach § 48 der Abgabenordnung leistet, hat Aufzeichnungen über die entrichteten Beträge zu führen. Dabei sind auch Name, Anschrift und die Steuernummer des Schuldners der Umsatzsteuer aufzuzeichnen.

(5) Ein Unternehmer, der ohne Begründung einer gewerblichen Niederlassung oder außerhalb einer solchen von Haus zu Haus oder auf öffentlichen Straßen oder an anderen öffentlichen Orten Umsätze ausführt oder Gegenstände erwirbt, hat ein Steuerheft nach amtlich vorgeschriebenem Vordruck zu führen.

---

[40] **ab dem 1. Januar 2010 „§ 3a Abs. 3 Nr. 3 Buchstabe c"**

(6) Das Bundesministerium der Finanzen kann mit Zustimmung des Bundesrates durch Rechtsverordnung

1. nähere Bestimmungen darüber treffen, wie die Aufzeichnungspflichten zu erfüllen sind und in welchen Fällen Erleichterungen bei der Erfüllung dieser Pflichten gewährt werden können, sowie

2. Unternehmer im Sinne des Absatzes 5 von der Führung des Steuerhefts befreien, sofern sich die Grundlagen der Besteuerung aus anderen Unterlagen ergeben, und diese Befreiung an Auflagen knüpfen.

## § 22a

### Fiskalvertretung

(1) Ein Unternehmer, der weder im Inland noch in einem der in § 1 Abs. 3 genannten Gebiete seinen Wohnsitz, seinen Sitz, seine Geschäftsleitung oder eine Zweigniederlassung hat und im Inland ausschließlich steuerfreie Umsätze ausführt und keine Vorsteuerbeträge abziehen kann, kann sich im Inland durch einen Fiskalvertreter vertreten lassen.

(2) Zur Fiskalvertretung sind die in § 3 Nr. 1 bis 3 und § 4 Nr. 9 Buchstabe c des Steuerberatungsgesetzes genannten Personen befugt.

(3) Der Fiskalvertreter bedarf der Vollmacht des im Ausland ansässigen Unternehmers.

## § 22b

### Rechte und Pflichten des Fiskalvertreters

(1) Der Fiskalvertreter hat die Pflichten des im Ausland ansässigen Unternehmers nach diesem Gesetz als eigene zu erfüllen. Er hat die gleichen Rechte wie der Vertretene.

(2) Der Fiskalvertreter hat unter der ihm nach § 22d Abs. 1 erteilten Steuernummer eine Steuererklärung (§ 18 Abs. 3 und 4) abzugeben, in der er die Besteuerungsgrundlagen für jeden von ihm vertretenen Unternehmer zusammenfasst. Dies gilt für die Zusammenfassende Meldung entsprechend.

(3) Der Fiskalvertreter hat die Aufzeichnungen im Sinne des § 22 für jeden von ihm vertretenen Unternehmer gesondert zu führen. Die Aufzeichnungen müssen Namen und Anschrift der von ihm vertretenen Unternehmer enthalten.

# § 22c

## Ausstellung von Rechnungen im Fall der Fiskalvertretung

Die Rechnung hat folgende Angaben zu enthalten:

1.  den Hinweis auf die Fiskalvertretung;

2.  den Namen und die Anschrift des Fiskalvertreters;

3.  die dem Fiskalvertreter nach § 22d Abs. 1 erteilte Umsatzsteuer-Identifikationsnummer.

# § 22d

## Steuernummer und zuständiges Finanzamt

(1) Der Fiskalvertreter erhält für seine Tätigkeit eine gesonderte Steuernummer und eine gesonderte Umsatzsteuer-Identifikationsnummer nach § 27a, unter der er für alle von ihm vertretenen im Ausland ansässigen Unternehmen auftritt.

(2) Der Fiskalvertreter wird bei dem Finanzamt geführt, das für seine Umsatzbesteuerung zuständig ist.

# § 22e

## Untersagung der Fiskalvertretung

(1) Die zuständige Finanzbehörde kann die Fiskalvertretung der in § 22a Abs. 2 mit Ausnahme der in § 3 des Steuerberatungsgesetzes genannten Person untersagen, wenn der Fiskalvertreter wiederholt gegen die ihm auferlegten Pflichten nach § 22b verstößt oder ordnungswidrig im Sinne des § 26a handelt.

(2) Für den vorläufigen Rechtsschutz gegen die Untersagung gelten § 361 Abs. 4 der Abgabenordnung und § 69 Abs. 5 der Finanzgerichtsordnung.

## § 23

### Allgemeine Durchschnittssätze

(1) Das Bundesministerium der Finanzen kann mit Zustimmung des Bundesrates zur Vereinfachung des Besteuerungsverfahrens für Gruppen von Unternehmern, bei denen hinsichtlich der Besteuerungsgrundlagen annähernd gleiche Verhältnisse vorliegen und die nicht verpflichtet sind, Bücher zu führen und auf Grund jährlicher Bestandsaufnahmen regelmäßig Abschlüsse zu machen, durch Rechtsverordnung Durchschnittssätze festsetzen für

1.   die nach § 15 abziehbaren Vorsteuerbeträge oder die Grundlagen ihrer Berechnung oder

2.   die zu entrichtende Steuer oder die Grundlagen ihrer Berechnung.

(2) Die Durchschnittssätze müssen zu einer Steuer führen, die nicht wesentlich von dem Betrag abweicht, der sich nach diesem Gesetz ohne Anwendung der Durchschnittssätze ergeben würde.

(3) Der Unternehmer, bei dem die Voraussetzungen für eine Besteuerung nach Durchschnittssätzen im Sinne des Absatzes 1 gegeben sind, kann beim Finanzamt bis zur Unanfechtbarkeit der Steuerfestsetzung (§ 18 Abs. 3 und 4) beantragen, nach den festgesetzten Durchschnittssätzen besteuert zu werden. Der Antrag kann nur mit Wirkung vom Beginn eines Kalenderjahres an widerrufen werden. Der Widerruf ist spätestens bis zur Unanfechtbarkeit der Steuerfestsetzung des Kalenderjahres, für das er gelten soll, zu erklären. Eine erneute Besteuerung nach Durchschnittssätzen ist frühestens nach Ablauf von fünf Kalenderjahren zulässig.

## § 23a

### Durchschnittssatz für Körperschaften, Personenvereinigungen und Vermögensmassen im Sinne des § 5 Abs. 1 Nr. 9 des Körperschaftsteuergesetzes

(1) Zur Berechnung der abziehbaren Vorsteuerbeträge (§ 15) wird für Körperschaften, Personenvereinigungen und Vermögensmassen im Sinne des § 5 Abs. 1 Nr. 9 des Körperschaftsteuergesetzes, die nicht verpflichtet sind, Bücher zu führen und auf Grund jährlicher Bestandsaufnahmen regelmäßig Abschlüsse zu machen, ein Durchschnittssatz von 7 Prozent des steuerpflichtigen Umsatzes, mit Ausnahme der Einfuhr und des innergemeinschaftlichen Erwerbs, festgesetzt. Ein weiterer Vorsteuerabzug ist ausgeschlossen.

(2) Der Unternehmer, dessen steuerpflichtiger Umsatz, mit Ausnahme der Einfuhr und des innergemeinschaftlichen Erwerbs, im vorangegangenen Kalenderjahr 35 000 Euro überstiegen hat, kann den Durchschnittssatz nicht in Anspruch nehmen.

(3) Der Unternehmer, bei dem die Voraussetzungen für die Anwendung des Durchschnittssatzes gegeben sind, kann dem Finanzamt spätestens bis zum 10. Tag nach Ablauf des ersten Voranmeldungszeitraums eines Kalenderjahres erklären, dass er den Durchschnittssatz in Anspruch nehmen will. Die Erklärung bindet den Unternehmer mindestens für fünf Kalenderjahre. Sie kann nur mit Wirkung vom Beginn eines Kalenderjahres an widerrufen werden. Der Widerruf ist spätestens bis zum 10. Tag nach Ablauf des ersten Voranmeldungszeitraums dieses Kalenderjahres zu erklären. Eine erneute Anwendung des Durchschnittssatzes ist frühestens nach Ablauf von fünf Kalenderjahren zulässig.

## § 24

### Durchschnittssätze für land- und forstwirtschaftliche Betriebe

(1) Für die im Rahmen eines land- und forstwirtschaftlichen Betriebs ausgeführten Umsätze wird die Steuer vorbehaltlich der Sätze 2 bis 4 wie folgt festgesetzt:

1.  für die Lieferungen von forstwirtschaftlichen Erzeugnissen, ausgenommen Sägewerkserzeugnisse, auf 5,5 Prozent,

2.  für die Lieferungen der in der Anlage 2 nicht aufgeführten Sägewerkserzeugnisse und Getränke sowie von alkoholischen Flüssigkeiten, ausgenommen die Lieferungen in das Ausland und die im Ausland bewirkten Umsätze, und für sonstige Leistungen, soweit in der Anlage 2 nicht aufgeführte Getränke abgegeben werden, auf 19 Prozent,

3.  für die übrigen Umsätze im Sinne des § 1 Abs. 1 Nr. 1 auf 10,7 Prozent

der Bemessungsgrundlage. Die Befreiungen nach § 4 mit Ausnahme der Nummern 1 bis 7 bleiben unberührt; § 9 findet keine Anwendung. Die Vorsteuerbeträge werden, soweit sie den in Satz 1 Nr. 1 bezeichneten Umsätzen zuzurechnen sind, auf 5,5 Prozent, in den übrigen Fällen des Satzes 1 auf 10,7 Prozent der Bemessungsgrundlage für diese Umsätze festgesetzt. Ein weiterer Vorsteuerabzug entfällt. § 14 ist mit der Maßgabe anzuwenden, dass der für den Umsatz maßgebliche Durchschnittssatz in der Rechnung zusätzlich anzugeben ist.

(2) Als land- und forstwirtschaftlicher Betrieb gelten

1.  die Landwirtschaft, die Forstwirtschaft, der Wein-, Garten-, Obst- und Gemüsebau, die Baumschulen, alle Betriebe, die Pflanzen und Pflanzenteile mit Hilfe der Naturkräfte gewinnen, die Binnenfischerei, die Teichwirtschaft, die Fischzucht für die Binnenfischerei und Teichwirtschaft, die Imkerei, die Wanderschäferei sowie die Saatzucht;

2.  Tierzucht- und Tierhaltungsbetriebe, soweit ihre Tierbestände nach den §§ 51 und 51a des Bewertungsgesetzes zur landwirtschaftlichen Nutzung gehören.

Zum land- und forstwirtschaftlichen Betrieb gehören auch die Nebenbetriebe, die dem land- und forstwirtschaftlichen Betrieb zu dienen bestimmt sind. Ein Gewerbebetrieb kraft Rechtsform gilt auch dann nicht als land- und forstwirtschaftlicher Betrieb, wenn im Übrigen die Merkmale eines land- und forstwirtschaftlichen Betriebs vorliegen.

(3) Führt der Unternehmer neben den in Absatz 1 bezeichneten Umsätzen auch andere Umsätze aus, so ist der land- und forstwirtschaftliche Betrieb als ein in der Gliederung des Unternehmens gesondert geführter Betrieb zu behandeln.

(4) Der Unternehmer kann spätestens bis zum 10. Tag eines Kalenderjahres gegenüber dem Finanzamt erklären, dass seine Umsätze vom Beginn des vorangegangenen Kalenderjahres an nicht nach den Absätzen 1 bis 3, sondern nach den allgemeinen Vorschriften dieses Gesetzes besteuert werden sollen. Die Erklärung bindet den Unternehmer mindestens für fünf Kalenderjahre; im Fall der Geschäftsveräußerung ist der Erwerber an diese Frist gebunden. Sie kann mit Wirkung vom Beginn eines Kalenderjahres an widerrufen werden. Der Widerruf ist spätestens bis zum 10. Tag nach Beginn dieses Kalenderjahres zu erklären. Die Frist nach Satz 4 kann verlängert werden. Ist die Frist bereits abgelaufen, so kann sie rückwirkend verlängert werden, wenn es unbillig wäre, die durch den Fristablauf eingetretenen Rechtsfolgen bestehen zu lassen.

## § 25

### Besteuerung von Reiseleistungen

(1) Die nachfolgenden Vorschriften gelten für Reiseleistungen eines Unternehmers, die nicht für das Unternehmen des Leistungsempfängers bestimmt sind, soweit der Unternehmer dabei gegenüber dem Leistungsempfänger im eigenen Namen auftritt und Reisevorleistungen in Anspruch nimmt. Die Leistung des Unternehmers ist als sonstige Leistung anzusehen. Erbringt der Unternehmer an einen Leistungsempfänger im Rahmen einer Reise mehrere Leistungen dieser Art, so gelten sie als eine einheitliche sonstige Leistung. Der Ort der sonstigen Leistung bestimmt sich nach § 3a Abs. 1. Reisevorleistungen sind Lieferungen und sonstige Leistungen Dritter, die den Reisenden unmittelbar zugute kommen.

(2) Die sonstige Leistung ist steuerfrei, soweit die ihr zuzurechnenden Reisevorleistungen im Drittlandsgebiet bewirkt werden. Die Voraussetzung der Steuerbefreiung muss vom Unternehmer nachgewiesen sein. Das Bundesministerium der Finanzen kann mit Zustimmung des Bundesrates durch Rechtsverordnung bestimmen, wie der Unternehmer den Nachweis zu führen hat.

(3) Die sonstige Leistung bemisst sich nach dem Unterschied zwischen dem Betrag, den der Leistungsempfänger aufwendet, um die Leistung zu erhalten, und dem Betrag, den der Unternehmer für die Reisevorleistungen aufwendet. Die Umsatzsteuer gehört nicht zur Bemessungsgrundlage. Der Unternehmer kann die Bemessungsgrundlage statt für jede einzelne Leistung entweder für Gruppen von Leistungen oder für die gesamten innerhalb des Besteuerungszeitraums erbrachten Leistungen ermitteln.

(4) Abweichend von § 15 Abs. 1 ist der Unternehmer nicht berechtigt, die ihm für die Reisevorleistungen gesondert in Rechnung gestellten sowie die nach § 13b geschuldeten Steuerbeträge als Vorsteuer abzuziehen. Im Übrigen bleibt § 15 unberührt.

(5) Für die sonstigen Leistungen gilt § 22 mit der Maßgabe, dass aus den Aufzeichnungen des Unternehmers zu ersehen sein müssen:

1.  der Betrag, den der Leistungsempfänger für die Leistung aufwendet,

2.  die Beträge, die der Unternehmer für die Reisevorleistungen aufwendet,

3.  die Bemessungsgrundlage nach Absatz 3 und

4.  wie sich die in den Nummern 1 und 2 bezeichneten Beträge und die Bemessungsgrundlage nach Absatz 3 auf steuerpflichtige und steuerfreie Leistungen verteilen.

## § 25a

### Differenzbesteuerung

(1) Für die Lieferungen im Sinne des § 1 Abs. 1 Nr. 1 von beweglichen körperlichen Gegenständen gilt eine Besteuerung nach Maßgabe der nachfolgenden Vorschriften (Differenzbesteuerung), wenn folgende Voraussetzungen erfüllt sind:

1.  Der Unternehmer ist ein Wiederverkäufer. Als Wiederverkäufer gilt, wer gewerbsmäßig mit beweglichen körperlichen Gegenständen handelt oder solche Gegenstände im eigenen Namen öffentlich versteigert.

2.	Die Gegenstände wurden an den Wiederverkäufer im Gemeinschaftsgebiet geliefert. Für diese Lieferung wurde

a)	Umsatzsteuer nicht geschuldet oder nach § 19 Abs. 1 nicht erhoben oder

b)	die Differenzbesteuerung vorgenommen.

3.	Die Gegenstände sind keine Edelsteine (aus Positionen 7102 und 7103 des Zolltarifs) oder Edelmetalle (aus Positionen 7106, 7108, 7110 und 7112 des Zolltarifs).

(2) Der Wiederverkäufer kann spätestens bei Abgabe der ersten Voranmeldung eines Kalenderjahres gegenüber dem Finanzamt erklären, dass er die Differenzbesteuerung von Beginn dieses Kalenderjahres an auch auf folgende Gegenstände anwendet:

1.	Kunstgegenstände (Nummer 53 der Anlage 2), Sammlungsstücke (Nummer 49 Buchstabe f und Nummer 54 der Anlage 2) oder Antiquitäten (Position 9706 00 00 des Zolltarifs), die er selbst eingeführt hat, oder

2.	Kunstgegenstände, wenn die Lieferung an ihn steuerpflichtig war und nicht von einem Wiederverkäufer ausgeführt wurde.

Die Erklärung bindet den Wiederverkäufer für mindestens zwei Kalenderjahre.

(3) Der Umsatz wird nach dem Betrag bemessen, um den der Verkaufspreis den Einkaufspreis für den Gegenstand übersteigt; bei Lieferungen im Sinne des § 3 Abs. 1b und in den Fällen des § 10 Abs. 5 tritt an die Stelle des Verkaufspreises der Wert nach § 10 Abs. 4 Satz 1 Nr. 1. Die Umsatzsteuer gehört nicht zur Bemessungsgrundlage. Im Fall des Absatzes 2 Satz 1 Nr. 1 gilt als Einkaufspreis der Wert im Sinne des § 11 Abs. 1 zuzüglich der Einfuhrumsatzsteuer. Im Fall des Absatzes 2 Satz 1 Nr. 2 schließt der Einkaufspreis die Umsatzsteuer des Lieferers ein.

(4) Der Wiederverkäufer kann die gesamten innerhalb eines Besteuerungszeitraums ausgeführten Umsätze nach dem Gesamtbetrag bemessen, um den die Summe der Verkaufspreise und der Werte nach § 10 Abs. 4 Satz 1 Nr. 1 die Summe der Einkaufspreise dieses Zeitraums übersteigt (Gesamtdifferenz). Die Besteuerung nach der Gesamtdifferenz ist nur bei solchen Gegenständen zulässig, deren Einkaufspreis 500 Euro nicht übersteigt. Im Übrigen gilt Absatz 3 entsprechend.

(5) Die Steuer ist mit dem allgemeinen Steuersatz nach § 12 Abs. 1 zu berechnen. Die Steuerbefreiungen, ausgenommen die Steuerbefreiung für innergemeinschaftliche Lieferungen (§ 4 Nr. 1 Buchstabe b, § 6a), bleiben unberührt. Abweichend von § 15 Abs. 1 ist der Wiederverkäufer in den Fällen des Absatzes 2 nicht

berechtigt, die entrichtete Einfuhrumsatzsteuer, die gesondert ausgewiesene Steuer oder die nach § 13b Abs. 2 geschuldete Steuer für die an ihn ausgeführte Lieferung als Vorsteuer abzuziehen.

(6) § 22 gilt mit der Maßgabe, dass aus den Aufzeichnungen des Wiederverkäufers zu ersehen sein müssen

1.  die Verkaufspreise oder die Werte nach § 10 Abs. 4 Satz 1 Nr. 1,

2.  die Einkaufspreise und

3.  die Bemessungsgrundlagen nach den Absätzen 3 und 4.

Wendet der Wiederverkäufer neben der Differenzbesteuerung die Besteuerung nach den allgemeinen Vorschriften an, hat er getrennte Aufzeichnungen zu führen.

(7) Es gelten folgende Besonderheiten:

1.  Die Differenzbesteuerung findet keine Anwendung

    a)  auf die Lieferungen eines Gegenstands, den der Wiederverkäufer innergemeinschaftlich erworben hat, wenn auf die Lieferung des Gegenstands an den Wiederverkäufer die Steuerbefreiung für innergemeinschaftliche Lieferungen im übrigen Gemeinschaftsgebiet angewendet worden ist,

    b)  auf die innergemeinschaftliche Lieferung eines neuen Fahrzeugs im Sinne des § 1b Abs. 2 und 3.

2.  Der innergemeinschaftliche Erwerb unterliegt nicht der Umsatzsteuer, wenn auf die Lieferung der Gegenstände an den Erwerber im Sinne des § 1a Abs. 1 die Differenzbesteuerung im übrigen Gemeinschaftsgebiet angewendet worden ist.

3.  Die Anwendung des § 3c und die Steuerbefreiung für innergemeinschaftliche Lieferungen (§ 4 Nr. 1 Buchstabe b, § 6a) sind bei der Differenzbesteuerung ausgeschlossen.

(8) Der Wiederverkäufer kann bei jeder Lieferung auf die Differenzbesteuerung verzichten, soweit er Absatz 4 nicht anwendet. Bezieht sich der Verzicht auf die in Absatz 2 bezeichneten Gegenstände, ist der Vorsteuerabzug frühestens in dem Voranmeldungszeitraum möglich, in dem die Steuer für die Lieferung entsteht.

# § 25b

## Innergemeinschaftliche Dreiecksgeschäfte

(1) Ein innergemeinschaftliches Dreiecksgeschäft liegt vor, wenn

1.  drei Unternehmer über denselben Gegenstand Umsatzgeschäfte abschließen und dieser Gegenstand unmittelbar vom ersten Lieferer an den letzten Abnehmer gelangt,

2.  die Unternehmer in jeweils verschiedenen Mitgliedstaaten für Zwecke der Umsatzsteuer erfasst sind,

3.  der Gegenstand der Lieferungen aus dem Gebiet eines Mitgliedstaates in das Gebiet eines anderen Mitgliedstaates gelangt und

4.  der Gegenstand der Lieferungen durch den ersten Lieferer oder den ersten Abnehmer befördert oder versendet wird.

Satz 1 gilt entsprechend, wenn der letzte Abnehmer eine juristische Person ist, die nicht Unternehmer ist oder den Gegenstand nicht für ihr Unternehmen erwirbt und die in dem Mitgliedstaat für Zwecke der Umsatzsteuer erfasst ist, in dem sich der Gegenstand am Ende der Beförderung oder Versendung befindet.

(2) Im Fall des Absatzes 1 wird die Steuer für die Lieferung an den letzten Abnehmer von diesem geschuldet, wenn folgende Voraussetzungen erfüllt sind:

1.  Der Lieferung ist ein innergemeinschaftlicher Erwerb vorausgegangen,

2.  der erste Abnehmer ist in dem Mitgliedstaat, in dem die Beförderung oder Versendung endet, nicht ansässig. Er verwendet gegenüber dem ersten Lieferer und dem letzten Abnehmer dieselbe Umsatzsteuer-Identifikationsnummer, die ihm von einem anderen Mitgliedstaat erteilt worden ist als dem, in dem die Beförderung oder Versendung beginnt oder endet,

3.  der erste Abnehmer erteilt dem letzten Abnehmer eine Rechnung im Sinne des § 14a Abs. 7, in der die Steuer nicht gesondert ausgewiesen ist, und

4.  der letzte Abnehmer verwendet eine Umsatzsteuer-Identifikationsnummer des Mitgliedstaates, in dem die Beförderung oder Versendung endet.

(3) Im Fall des Absatzes 2 gilt der innergemeinschaftliche Erwerb des ersten Abnehmers als besteuert.

(4) Für die Berechnung der nach Absatz 2 geschuldeten Steuer gilt die Gegenleistung als Entgelt.

(5) Der letzte Abnehmer ist unter den übrigen Voraussetzungen des § 15 berechtigt, die nach Absatz 2 geschuldete Steuer als Vorsteuer abzuziehen.

(6) § 22 gilt mit der Maßgabe, dass aus den Aufzeichnungen zu ersehen sein müssen

1.  beim ersten Abnehmer, der eine inländische Umsatzsteuer-Identifikationsnummer verwendet, das vereinbarte Entgelt für die Lieferung im Sinne des Absatzes 2 sowie der Name und die Anschrift des letzten Abnehmers;

2.  beim letzten Abnehmer, der eine inländische Umsatzsteuer-Identifikationsnummer verwendet:

    a)  die Bemessungsgrundlage der an ihn ausgeführten Lieferung im Sinne des Absatzes 2 sowie die hierauf entfallenden Steuerbeträge,

    b)  der Name und die Anschrift des ersten Abnehmers.

Beim ersten Abnehmer, der eine Umsatzsteuer-Identifikationsnummer eines anderen Mitgliedstaates verwendet, entfallen die Aufzeichnungspflichten nach § 22, wenn die Beförderung oder Versendung im Inland endet.

### § 25c

### Besteuerung von Umsätzen mit Anlagegold

(1) Die Lieferung, die Einfuhr und der innergemeinschaftliche Erwerb von Anlagegold, einschließlich Anlagegold in Form von Zertifikaten über sammel- oder einzelverwahrtes Gold und über Goldkonten gehandeltes Gold, insbesondere auch Golddarlehen und Goldswaps, durch die ein Eigentumsrecht an Anlagegold oder ein schuldrechtlicher Anspruch auf Anlagegold begründet wird, sowie Terminkontrakte und im Freiverkehr getätigte Terminabschlüsse mit Anlagegold, die zur Übertragung eines Eigentumsrechts an Anlagegold oder eines schuldrechtlichen Anspruchs auf Anlagegold führen, sind steuerfrei. Satz 1 gilt entsprechend für die Vermittlung der Lieferung von Anlagegold.

(2) Anlagegold im Sinne dieses Gesetzes sind:

1.  Gold in Barren- oder Plättchenform mit einem von den Goldmärkten akzeptierten Gewicht und einem Feingehalt von mindestens 995 Tausendstel;

2. Goldmünzen, die einen Feingehalt von mindestens 900 Tausendstel aufweisen, nach dem Jahr 1800 geprägt wurden, in ihrem Ursprungsland gesetzliches Zahlungsmittel sind oder waren und üblicherweise zu einem Preis verkauft werden, der den Offenmarktwert ihres Goldgehalts um nicht mehr als 80 Prozent übersteigt.

(3) Der Unternehmer, der Anlagegold herstellt oder Gold in Anlagegold umwandelt, kann eine Lieferung, die nach Absatz 1 Satz 1 steuerfrei ist, als steuerpflichtig behandeln, wenn sie an einen anderen Unternehmer für dessen Unternehmen ausgeführt wird. Der Unternehmer, der üblicherweise Gold zu gewerblichen Zwecken liefert, kann eine Lieferung von Anlagegold im Sinne des Absatzes 2 Nr. 1, die nach Absatz 1 Satz 1 steuerfrei ist, als steuerpflichtig behandeln, wenn sie an einen anderen Unternehmer für dessen Unternehmen ausgeführt wird. Ist eine Lieferung nach den Sätzen 1 oder 2 als steuerpflichtig behandelt worden, kann der Unternehmer, der diesen Umsatz vermittelt hat, die Vermittlungsleistung ebenfalls als steuerpflichtig behandeln.

(4) Bei einem Unternehmer, der steuerfreie Umsätze nach Absatz 1 ausführt, ist die Steuer für folgende an ihn ausgeführte Umsätze abweichend von § 15 Abs. 2 nicht vom Vorsteuerabzug ausgeschlossen:

1. die Lieferungen von Anlagegold durch einen anderen Unternehmer, der diese Lieferungen nach Absatz 3 Satz 1 oder 2 als steuerpflichtig behandelt;

2. die Lieferungen, die Einfuhr und der innergemeinschaftliche Erwerb von Gold, das anschließend von ihm oder für ihn in Anlagegold umgewandelt wird;

3. die sonstigen Leistungen, die in der Veränderung der Form, des Gewichts oder des Feingehalts von Gold, einschließlich Anlagegold, bestehen.

(5) Bei einem Unternehmer, der Anlagegold herstellt oder Gold in Anlagegold umwandelt und anschließend nach Absatz 1 Satz 1 steuerfrei liefert, ist die Steuer für an ihn ausgeführte Umsätze, die in unmittelbarem Zusammenhang mit der Herstellung oder Umwandlung des Goldes stehen, abweichend von § 15 Abs. 2 nicht vom Vorsteuerabzug ausgeschlossen.

(6) Bei Umsätzen mit Anlagegold gelten zusätzlich zu den Aufzeichnungspflichten nach § 22 die Identifizierungs-, Aufzeichnungs- und Aufbewahrungspflichten des Geldwäschegesetzes mit Ausnahme der Identifizierungspflicht in Verdachtsfällen nach § 6 dieses Gesetzes entsprechend.

# § 25d

## Haftung für die schuldhaft nicht abgeführte Steuer

(1) Der Unternehmer haftet für die Steuer aus einem vorangegangenen Umsatz, soweit diese in einer nach § 14 ausgestellten Rechnung ausgewiesen wurde, der Aussteller der Rechnung entsprechend seiner vorgefassten Absicht die ausgewiesene Steuer nicht entrichtet oder sich vorsätzlich außer Stande gesetzt hat, die ausgewiesene Steuer zu entrichten und der Unternehmer bei Abschluss des Vertrags über seinen Eingangsumsatz davon Kenntnis hatte oder nach der Sorgfalt eines ordentlichen Kaufmanns hätte haben müssen. Trifft dies auf mehrere Unternehmer zu, so haften diese als Gesamtschuldner.

(2) Von der Kenntnis oder dem Kennenmüssen ist insbesondere auszugehen, wenn der Unternehmer für seinen Umsatz einen Preis in Rechnung stellt, der zum Zeitpunkt des Umsatzes unter dem marktüblichen Preis liegt. Dasselbe gilt, wenn der ihm in Rechnung gestellte Preis unter dem marktüblichen Preis oder unter dem Preis liegt, der seinem Lieferanten oder anderen Lieferanten, die am Erwerb der Ware beteiligt waren, in Rechnung gestellt wurde. Weist der Unternehmer nach, dass die Preisgestaltung betriebswirtschaftlich begründet ist, finden die Sätze 1 und 2 keine Anwendung.

(3) Örtlich zuständig für den Erlass des Haftungsbescheides ist das Finanzamt, das für die Besteuerung des Unternehmers zuständig ist. Im Fall des Absatzes 1 Satz 2 ist jedes Finanzamt örtlich zuständig, bei dem der Vorsteueranspruch geltend gemacht wird.

(4) Das zuständige Finanzamt hat zu prüfen, ob die Voraussetzungen für den Erlass des Haftungsbescheides vorliegen. Bis zum Abschluss dieser Prüfung kann die Erteilung der Zustimmung im Sinne von § 168 Satz 2 der Abgabenordnung versagt werden. Satz 2 gilt entsprechend für die Festsetzung nach § 167 Abs. 1 Satz 1 der Abgabenordnung, wenn sie zu einer Erstattung führt.

(5) Für den Erlass des Haftungsbescheides gelten die allgemeinen Grundsätze, mit Ausnahme des § 219 der Abgabenordnung.

## § 26

### Durchführung

(1) Die Bundesregierung kann mit Zustimmung des Bundesrates durch Rechtsverordnung zur Wahrung der Gleichmäßigkeit bei der Besteuerung, zur Beseitigung von Unbilligkeiten in Härtefällen oder zur Vereinfachung des Besteuerungsverfahrens den Umfang der in diesem Gesetz enthaltenen Steuerbefreiungen, Steuerermäßigungen und des Vorsteuerabzugs näher bestimmen sowie die zeitlichen Bindungen nach § 19 Abs. 2, § 23 Abs. 3 und § 24 Abs. 4 verkürzen. Bei der näheren Bestimmung des Umfangs der Steuerermäßigung nach § 12 Abs. 2 Nr. 1 kann von der zolltariflichen Abgrenzung abgewichen werden.

(2) Das Bundesministerium der Finanzen kann mit Zustimmung des Bundesrates durch Rechtsverordnung den Wortlaut derjenigen Vorschriften des Gesetzes und der auf Grund dieses Gesetzes erlassenen Rechtsverordnungen, in denen auf den Zolltarif hingewiesen wird, dem Wortlaut des Zolltarifs in der jeweils geltenden Fassung anpassen.

(3) Das Bundesministerium der Finanzen kann unbeschadet der Vorschriften der §§ 163 und 227 der Abgabenordnung anordnen, dass die Steuer für grenzüberschreitende Beförderungen von Personen im Luftverkehr niedriger festgesetzt oder ganz oder zum Teil erlassen wird, soweit der Unternehmer keine Rechnungen mit gesondertem Ausweis der Steuer (§ 14 Abs. 4) erteilt hat. Bei Beförderungen durch ausländische Unternehmer kann die Anordnung davon abhängig gemacht werden, dass in dem Land, in dem der ausländische Unternehmer seinen Sitz hat, für grenzüberschreitende Beförderungen im Luftverkehr, die von Unternehmern mit Sitz in der Bundesrepublik Deutschland durchgeführt werden, eine Umsatzsteuer oder ähnliche Steuer nicht erhoben wird.

(4) (weggefallen)

(5) Das Bundesministerium der Finanzen kann mit Zustimmung des Bundesrates durch Rechtsverordnung näher bestimmen, wie der Nachweis bei den folgenden Steuerbefreiungen zu führen ist:

1. Artikel III Nr. 1 des Abkommens zwischen der Bundesrepublik Deutschland und den Vereinigten Staaten von Amerika über die von der Bundesrepublik zu gewährenden Abgabenvergünstigungen für die von den Vereinigten Staaten im Interesse der gemeinsamen Verteidigung geleisteten Ausgaben (BGBl. 1955 II S. 823);

2. Artikel 67 Abs. 3 des Zusatzabkommens zu dem Abkommen zwischen den Parteien des Nordatlantikvertrags über die Rechtsstellung ihrer Truppen hinsichtlich der in der Bundesrepublik Deutschland stationierten ausländischen Truppen (BGBl. 1961 II S. 1183, 1218);

3. Artikel 14 Abs. 2 Buchstabe b und d des Abkommens zwischen der Bundesrepublik Deutschland und dem Obersten Hauptquartier der Alliierten Mächte, Europa, über die besonderen Bedingungen für die Einrichtung und den Betrieb internationaler militärischer Hauptquartiere in der Bundesrepublik Deutschland (BGBl. 1969 II S. 1997, 2009).

(6) Das Bundesministerium der Finanzen kann dieses Gesetz und die auf Grund dieses Gesetzes erlassenen Rechtsverordnungen in der jeweils geltenden Fassung mit neuem Datum und unter neuer Überschrift im Bundesgesetzblatt bekannt machen.

## § 26a

### Bußgeldvorschriften

(1) Ordnungswidrig handelt, wer vorsätzlich oder leichtfertig

1. entgegen § 14 Abs. 2 Satz 1 Nr. 1 oder 2 Satz 2 eine Rechnung nicht oder nicht rechtzeitig ausstellt,

2. entgegen § 14b Abs. 1 Satz 1, auch in Verbindung mit Satz 4, ein dort bezeichnetes Doppel oder eine dort bezeichnete Rechnung nicht oder nicht mindestens zehn Jahre aufbewahrt,

3. entgegen § 14b Abs. 1 Satz 5 eine dort bezeichnete Rechnung, einen Zahlungsbeleg oder eine andere beweiskräftige Unterlage nicht oder nicht mindestens zwei Jahre aufbewahrt,

4. entgegen § 18 Abs. 12 Satz 3 die dort bezeichnete Bescheinigung nicht oder nicht rechtzeitig vorlegt,

5. entgegen [41]§ 18a Abs. 1 Satz 1 in Verbindung mit Abs. 4 Satz 1, Abs. 5 oder Abs. 6 eine Zusammenfassende Meldung nicht, nicht richtig, nicht vollständig oder nicht rechtzeitig abgibt oder entgegen § 18a Abs. 7 eine Zusammenfassende Meldung nicht oder nicht rechtzeitig berichtigt,

---

[41] **ab dem 1. Januar 2010 „§ 18a Abs. 1 Satz 1 und 2"**

6.    einer Rechtsverordnung nach § 18c zuwiderhandelt, soweit sie für einen bestimmten Tatbestand auf die Bußgeldvorschrift verweist, oder

7.    entgegen § 18d Satz 3 die dort bezeichneten Unterlagen nicht, nicht vollständig oder nicht rechtzeitig vorlegt.

(2) Die Ordnungswidrigkeit kann in den Fällen des Absatzes 1 Nr. 3 mit einer Geldbuße bis zu fünfhundert Euro, in den übrigen Fällen mit einer Geldbuße bis zu fünftausend Euro geahndet werden.

## § 26b

### Schädigung des Umsatzsteueraufkommens

(1) Ordnungswidrig handelt, wer die in einer Rechnung im Sinne von § 14 ausgewiesene Umsatzsteuer zu einem in § 18 Abs. 1 Satz 3 oder Abs. 4 Satz 1 oder 2 genannten Fälligkeitszeitpunkt nicht oder nicht vollständig entrichtet.

(2) Die Ordnungswidrigkeit kann mit einer Geldbuße bis zu fünfzigtausend Euro geahndet werden.

## § 26c

### Gewerbsmäßige oder bandenmäßige Schädigung des Umsatzsteueraufkommens

Mit Freiheitsstrafe bis zu fünf Jahren oder mit Geldstrafe wird bestraft, wer in den Fällen des § 26b gewerbsmäßig oder als Mitglied einer Bande, die sich zur fortgesetzten Begehung solcher Handlungen verbunden hat, handelt.

## § 27

### Allgemeine Übergangsvorschriften

(1) Änderungen dieses Gesetzes sind, soweit nichts anderes bestimmt ist, auf Umsätze im Sinne des § 1 Abs. 1 Nr. 1 und 5 anzuwenden, die ab dem Inkrafttreten der maßgeblichen Änderungsvorschrift ausgeführt werden. Das gilt für Lieferungen und sonstige Leistungen auch insoweit, als die Steuer dafür nach § 13 Abs. 1 Nr. 1 Buchstabe a Satz 4, Buchstabe b oder § 13b Abs. 1 Satz 3 vor dem Inkrafttreten der Änderungsvorschrift entstanden ist. Die Berechnung dieser Steuer ist für den Voranmeldungszeitraum zu berichtigen, in dem die Lieferung oder sonstige Leistung ausgeführt wird.

(1a) § 4 Nr. 14 ist auf Antrag auf vor dem 1. Januar 2000 erbrachte Umsätze aus der Tätigkeit als Sprachheilpädagoge entsprechend anzuwenden, soweit der Sprachheilpädagoge gemäß § 124 Abs. 2 des Fünften Buches Sozialgesetzbuch von den zuständigen Stellen der gesetzlichen Krankenkassen umfassend oder für bestimmte Teilgebiete der Sprachtherapie zur Abgabe von sprachtherapeutischen Heilmitteln zugelassen ist und die Voraussetzungen des § 4 Nr. 14 spätestens zum 1. Januar 2000 erfüllt. Bestandskräftige Steuerfestsetzungen können insoweit aufgehoben oder geändert werden.

(2) § 9 Abs. 2 ist nicht anzuwenden, wenn das auf dem Grundstück errichtete Gebäude

1.  Wohnzwecken dient oder zu dienen bestimmt ist und vor dem 1. April 1985 fertig gestellt worden ist,

2.  anderen nichtunternehmerischen Zwecken dient oder zu dienen bestimmt ist und vor dem 1. Januar 1986 fertig gestellt worden ist,

3.  anderen als in den Nummern 1 und 2 bezeichneten Zwecken dient oder zu dienen bestimmt ist und vor dem 1. Januar 1998 fertig gestellt worden ist,

und wenn mit der Errichtung des Gebäudes in den Fällen der Nummern 1 und 2 vor dem 1. Juni 1984 und in den Fällen der Nummer 3 vor dem 11. November 1993 begonnen worden ist.

(3) § 14 Abs. 1a in der bis zum 31. Dezember 2003 geltenden Fassung ist auf Rechnungen anzuwenden, die nach dem 30. Juni 2002 ausgestellt werden, sofern die zugrunde liegenden Umsätze bis zum 31. Dezember 2003 ausgeführt wurden.

(4) Die §§ 13b, 14 Abs. 1, § 14a Abs. 4 und 5 Satz 3 Nr. 3, § 15 Abs. 1 Satz 1 Nr. 4 und Abs. 4b, § 17 Abs. 1 Satz 1, § 18 Abs. 4a Satz 1, § 19 Abs. 1 Satz 3, § 22 Abs. 1 Satz 2 und Abs. 2 Nr. 8, § 25a Abs. 5 Satz 3 in der jeweils bis zum 31. Dezember 2003 geltenden Fassung sind auch auf Umsätze anzuwenden, die vor dem 1. Januar 2002 ausgeführt worden sind, soweit das Entgelt für diese Umsätze erst nach dem 31. Dezember 2001 gezahlt worden ist. Soweit auf das Entgelt oder Teile des Entgelts für nach dem 31. Dezember 2001 ausgeführte Umsätze vor dem 1. Januar 2002 das Abzugsverfahren nach § 18 Abs. 8 in der bis zum 31. Dezember 2001 geltenden Fassung angewandt worden ist, mindert sich die vom Leistungsempfänger nach § 13b geschuldete Steuer um die bisher im Abzugsverfahren vom leistenden Unternehmer geschuldete Steuer.

(5) § 3 Abs. 9a Satz 2, § 15 Abs. 1b, § 15a Abs. 3 Nr. 2 und § 15a Abs. 4 Satz 2 in der jeweils bis 31. Dezember 2003 geltenden Fassung sind auf Fahrzeuge anzuwenden, die nach dem 31. März 1999 und vor dem 1. Januar 2004 angeschafft oder hergestellt, eingeführt, innergemeinschaftlich erworben oder gemietet worden sind und für die der Vorsteuerabzug nach § 15 Abs. 1b vorgenommen worden ist. Dies gilt nicht für

nach dem 1. Januar 2004 anfallende Vorsteuerbeträge, die auf die Miete oder den Betrieb dieser Fahrzeuge entfallen.

(6) Umsätze aus der Nutzungsüberlassung von Sportanlagen können bis zum 31. Dezember 2004 in eine steuerfreie Grundstücksüberlassung und in eine steuerpflichtige Überlassung von Betriebsvorrichtungen aufgeteilt werden.

(7) § 13c ist anzuwenden auf Forderungen, die nach dem 7. November 2003 abgetreten, verpfändet oder gepfändet worden sind.

(8) § 15a Abs. 1 Satz 1 und Abs. 4 Satz 1 in der Fassung des Gesetzes vom 20. Dezember 2001 (BGBl. I S. 3794) ist auch für Zeiträume vor dem 1. Januar 2002 anzuwenden, wenn der Unternehmer den Vorsteuerabzug im Zeitpunkt des Leistungsbezugs auf Grund der von ihm erklärten Verwendungsabsicht in Anspruch genommen hat und die Nutzung ab dem Zeitpunkt der erstmaligen Verwendung mit den für den Vorsteuerabzug maßgebenden Verhältnissen nicht übereinstimmt.

(9) § 18 Abs. 1 Satz 1 ist erstmals auf Voranmeldungszeiträume anzuwenden, die nach dem 31. Dezember 2004 enden.

(10) § 4 Nr. 21a in der bis 31. Dezember 2003 geltenden Fassung ist auf Antrag auf vor dem 1. Januar 2005 erbrachte Umsätze der staatlichen Hochschulen aus Forschungstätigkeit anzuwenden, wenn die Leistungen auf einem Vertrag beruhen, der vor dem 3. September 2003 abgeschlossen worden ist.

(11) § 15a in der Fassung des Artikels 5 des Gesetzes vom 9. Dezember 2004 (BGBl. I S. 3310) ist auf Vorsteuerbeträge anzuwenden, deren zugrunde liegende Umsätze im Sinne des § 1 Abs. 1 nach dem 31. Dezember 2004 ausgeführt werden.

(12) Auf Vorsteuerbeträge, deren zugrunde liegenden Umsätze im Sinne des § 1 Abs. 1 nach dem 31. Dezember 2006 ausgeführt werden, ist § 15a Abs. 3 und 4 in der am 1. Januar 2007 geltenden Fassung anzuwenden.

(13) § 18a Abs. 1 Satz 1, 4 und 5 in der Fassung des Artikels 7 des Gesetzes vom 13. Dezember 2006 (BGBl. I S. 2878) ist erstmals auf Meldezeiträume anzuwenden, die nach dem 31. Dezember 2006 enden.

[42]**(14) § 18 Abs. 9 in der Fassung des Artikels 7 des Gesetzes vom 19. Dezember 2008 (BGBl. I S. 2794) und § 18g sind auf Anträge auf Vergütung von Vorsteuerbeträgen anzuwenden, die nach dem 31. Dezember 2009 gestellt werden.**

---

[42] **gilt ab dem 1. Januar 2010**

[43](15) § 14 Abs. 2 Satz 1 Nr. 2 und § 14 Abs. 3 Nr. 2 in der jeweils ab 1. Januar 2009 geltenden Fassung sind auf alle Rechnungen über Umsätze anzuwenden, die nach dem 31. Dezember 2008 ausgeführt werden.

## § 27a

### Umsatzsteuer-Identifikationsnummer

(1) Das Bundeszentralamt für Steuern erteilt Unternehmern im Sinne des § 2 auf Antrag eine Umsatzsteuer-Identifikationsnummer. Abweichend von Satz 1 erteilt das Bundeszentralamt für Steuern Unternehmern, die § 19 Abs. 1 oder ausschließlich § 24 Abs. 1 bis 3 anwenden oder die nur Umsätze ausführen, die zum Ausschluss vom Vorsteuerabzug führen, auf Antrag eine Umsatzsteuer-Identifikationsnummer, wenn sie diese für innergemeinschaftliche Lieferungen oder innergemeinschaftliche Erwerbe benötigen. Satz 2 gilt für juristische Personen, die nicht Unternehmer sind oder die Gegenstände nicht für ihr Unternehmen erwerben, entsprechend. Im Fall der Organschaft wird auf Antrag für jede juristische Person eine eigene Umsatzsteuer-Identifikationsnummer erteilt. Der Antrag auf Erteilung einer Umsatzsteuer-Identifikationsnummer nach den Sätzen 1 bis 4 ist schriftlich zu stellen. In dem Antrag sind Name, Anschrift und Steuernummer, unter der der Antragsteller umsatzsteuerlich geführt wird, anzugeben.

(2) Die Landesfinanzbehörden übermitteln dem Bundeszentralamt für Steuern die für die Erteilung der Umsatzsteuer-Identifikationsnummer nach Absatz 1 erforderlichen Angaben über die bei ihnen umsatzsteuerlich geführten natürlichen und juristischen Personen und Personenvereinigungen. Diese Angaben dürfen nur für die Erteilung einer Umsatzsteuer-Identifikationsnummer, für Zwecke der Verordnung (EG) Nr. 1798/2003 des Rates vom 7. Oktober 2003 über die Zusammenarbeit der Verwaltungsbehörden auf dem Gebiet der Mehrwertsteuer und zur Aufhebung der Verordnung (EWG) Nr. 218/92 (ABl. EU Nr. L 264 S. 1), für die Umsatzsteuerkontrolle, für Zwecke der Amtshilfe zwischen den zuständigen Behörden anderer Staaten in Umsatzsteuersachen sowie für Übermittlungen an das Statistische Bundesamt nach § 2a des Statistikregistergesetzes verarbeitet oder genutzt werden. Das Bundeszentralamt für Steuern übermittelt den Landesfinanzbehörden die erteilten Umsatzsteuer-Identifikationsnummern und die Daten, die sie für die Umsatzsteuerkontrolle benötigen.

---

[43] gilt ab dem 1. Januar 2009

## § 27b

### Umsatzsteuer-Nachschau

(1) Zur Sicherstellung einer gleichmäßigen Festsetzung und Erhebung der Umsatzsteuer können die damit betrauten Amtsträger der Finanzbehörde ohne vorherige Ankündigung und außerhalb einer Außenprüfung Grundstücke und Räume von Personen, die eine gewerbliche oder berufliche Tätigkeit selbständig ausüben, während der Geschäfts- und Arbeitszeiten betreten, um Sachverhalte festzustellen, die für die Besteuerung erheblich sein können (Umsatzsteuer-Nachschau). Wohnräume dürfen gegen den Willen des Inhabers nur zur Verhütung dringender Gefahren für die öffentliche Sicherheit und Ordnung betreten werden.

(2) Soweit dies zur Feststellung einer steuerlichen Erheblichkeit zweckdienlich ist, haben die von der Umsatzsteuer-Nachschau betroffenen Personen den damit betrauten Amtsträgern auf Verlangen Aufzeichnungen, Bücher, Geschäftspapiere und andere Urkunden über die der Umsatzsteuer-Nachschau unterliegenden Sachverhalte vorzulegen und Auskünfte zu erteilen.

(3) Wenn die bei der Umsatzsteuer-Nachschau getroffenen Feststellungen hierzu Anlass geben, kann ohne vorherige Prüfungsanordnung (§ 196 der Abgabenordnung) zu einer Außenprüfung nach § 193 der Abgabenordnung übergegangen werden. Auf den Übergang zur Außenprüfung wird schriftlich hingewiesen.

(4) Werden anlässlich der Umsatzsteuer-Nachschau Verhältnisse festgestellt, die für die Festsetzung und Erhebung anderer Steuern als der Umsatzsteuer erheblich sein können, so ist die Auswertung der Feststellungen insoweit zulässig, als ihre Kenntnis für die Besteuerung der in Absatz 1 genannten Personen oder anderer Personen von Bedeutung sein kann.

### § 28

### Zeitlich begrenzte Fassungen einzelner Gesetzesvorschriften

(1)  (weggefallen)

(2)  (weggefallen)

(3)  (weggefallen)

(4) § 12 Abs. 2 Nr. 10 gilt bis zum 31. Dezember 2011 in folgender Fassung:

"10.  a)  die Beförderungen von Personen mit Schiffen,

b)    die Beförderungen von Personen im Schienenbahnverkehr, im Verkehr mit Oberleitungsomnibussen, im genehmigten Linienverkehr mit Kraftfahrzeugen, im Verkehr mit Taxen, mit Drahtseilbahnen und sonstigen mechanischen Aufstiegshilfen aller Art und die Beförderungen im Fährverkehr

aa)    innerhalb einer Gemeinde oder

bb)    wenn die Beförderungsstrecke nicht mehr als 50 Kilometer beträgt."

## § 29

### Umstellung langfristiger Verträge

(1) Beruht die Leistung auf einem Vertrag, der nicht später als vier Kalendermonate vor dem Inkrafttreten dieses Gesetzes abgeschlossen worden ist, so kann, falls nach diesem Gesetz ein anderer Steuersatz anzuwenden ist, der Umsatz steuerpflichtig, steuerfrei oder nicht steuerbar wird, der eine Vertragsteil von dem anderen einen angemessenen Ausgleich der umsatzsteuerlichen Mehr- oder Minderbelastung verlangen. Satz 1 gilt nicht, soweit die Parteien etwas anderes vereinbart haben. Ist die Höhe der Mehr- oder Minderbelastung streitig, so ist § 287 Abs. 1 der Zivilprozessordnung entsprechend anzuwenden.

(2) Absatz 1 gilt sinngemäß bei einer Änderung dieses Gesetzes.

**Liste der Gegenstände, die der Umsatzsteuerlagerregelung unterliegen können**

| Lfd. Nr. | Warenbezeichnung | Zolltarif (Kapitel, Position, Unterposition) |
|---|---|---|
| 1 | Kartoffeln, frisch oder gekühlt | Position 0701 |
| 2 | Oliven, vorläufig haltbar gemacht (z. B. durch Schwefeldioxid oder in Wasser, dem Salz, Schwefeldioxid oder andere vorläufig konservierend wirkende Stoffe zugesetzt sind), zum unmittelbaren Genuss nicht geeignet | Unterposition 0711 20 |
| 3 | Schalenfrüchte, frisch oder getrocknet, auch ohne Schalen oder enthäutet | Positionen 0801 und 0802 |
| 4 | Kaffee, nicht geröstet, nicht entkoffeiniert, entkoffeiniert | Unterpositionen 0901 11 00 und 0901 12 00 |
| 5 | Tee, auch aromatisiert | Position 0902 |
| 6 | Getreide | Positionen 1001 bis 1005, 1007 00 und 1008 |
| 7 | Rohreis (Paddy-Reis) | Unterposition 1006 10 |
| 8 | Ölsamen und ölhaltige Früchte | Positionen 1201 00 bis 1207 |
| 9 | Pflanzliche Fette und Öle und deren Fraktionen, roh, auch raffiniert, jedoch nicht chemisch modifiziert | Positionen 1507 bis 1515 |
| 10 | Rohzucker | Unterpositionen 1701 11 und 1701 12 |
| 11 | Kakaobohnen und Kakaobohnenbruch, roh oder geröstet | Position 1801 00 00 |
| 12 | Mineralöle (einschließlich Propan und Butan sowie Rohöle aus Erdöl) | Positionen 2709 00, 2710, Unterpositionen 2711 12 und 2711 13 |
| 13 | Erzeugnisse der chemischen Industrie | Kapitel 28 und 29 |
| 14 | Kautschuk, in Primärformen oder in Platten, Blättern oder Streifen | Positionen 4001 und 4002 |
| 15 | Chemische Halbstoffe aus Holz, ausgenommen solche zum Auflösen; Halbstoffe aus Holz, durch Kombination aus mechanischem oder chemischem Aufbereitungsverfahren hergestellt | Positionen 4703 bis 4705 00 00 |
| 16 | Wolle, weder gekrempelt noch gekämmt | Position 5101 |
| 17 | Silber, in Rohform oder Pulver | aus Position 7106 |
| 18 | Gold, in Rohform oder als Pulver, zu nicht monetären Zwecken | Unterpositionen 7108 11 00 und 7108 12 00 |

| | | |
|---|---|---|
| 19 | Platin, in Rohform oder als Pulver | aus Position 7110 |
| 20 | Eisen- und Stahlerzeugnisse | Positionen 7207 bis 7212, 7216, 7219, 7220, 7225 und 7226 |
| 21 | Nicht raffiniertes Kupfer und Kupferanoden zum elektrolytischen Raffinieren; raffiniertes Kupfer und Kupferlegierungen, in Rohform; Kupfervorlegierungen; Draht aus Kupfer | Positionen 7402 00 00, 7403, 7405 00 00 und 7408 |
| 22 | Nickel in Rohform | Position 7502 |
| 23 | Aluminium in Rohform | Position 7601 |
| 24 | Blei in Rohform | Position 7801 |
| 25 | Zink in Rohform | Position 7901 |
| 26 | Zinn in Rohform | Position 8001 |
| 27 | Andere unedle Metalle, ausgenommen Waren daraus und Abfälle und Schrott | aus Positionen 8101 bis 8112 |

Die Gegenstände dürfen nicht für die Lieferung auf der Einzelhandelsstufe aufgemacht sein.

### Liste der dem ermäßigten Steuersatz unterliegenden Gegenstände

| Lfd. Nr. | Warenbezeichnung | Zolltarif (Kapitel, Position, Unterposition) |
|---|---|---|
| 1 | Lebende Tiere, und zwar | |
| | a) Pferde einschließlich reinrassiger Zuchttiere, ausgenommen Wildpferde, | aus Position 0101 |
| | b) Maultiere und Maulesel, | aus Position 0101 |
| | c) Hausrinder einschließlich reinrassiger Zuchttiere, | aus Position 0102 |
| | d) Hausschweine einschließlich reinrassiger Zuchttiere, | aus Position 0103 |
| | e) Hausschafe einschließlich reinrassiger Zuchttiere, | aus Position 0104 |
| | f) Hausziegen einschließlich reinrassiger Zuchttiere, | aus Position 0104 |
| | g) Hausgeflügel (Hühner, Enten, Gänse, Truthühner und Perlhühner), | Position 0105 |
| | h) Hauskaninchen, | aus Position 0106 |
| | i) Haustauben, | aus Position 0106 |
| | j) Bienen, | aus Position 0106 |
| | k) ausgebildete Blindenführhunde | aus Position 0106 |
| 2 | Fleisch und genießbare Schlachtnebenerzeugnisse | Kapitel 2 |
| 3 | Fische und Krebstiere, Weichtiere und andere wirbellose Wassertiere, ausgenommen Zierfische, Langusten, Hummer, Austern und Schnecken | aus Kapitel 3 |
| 4 | Milch und Milcherzeugnisse; Vogeleier und Eigelb, ausgenommen ungenießbare Eier ohne Schale und ungenießbares Eigelb; natürlicher Honig | aus Kapitel 4 |
| 5 | Andere Waren tierischen Ursprungs, und zwar | |
| | a) Mägen von Hausrindern und Hausgeflügel, | aus Position 0504 00 00 |
| | b) (weggefallen) | |
| | c) rohe Knochen | aus Position 0506 |
| 6 | Bulben, Zwiebeln, Knollen, Wurzelknollen und Wurzelstöcke, ruhend, im Wachstum oder in Blüte; Zichorienpflanzen und -wurzeln | Position 0601 |
| 7 | Andere lebende Pflanzen einschließlich ihrer Wurzeln, Stecklinge und Pfropfreiser; Pilzmyzel | Position 0602 |
| 8 | Blumen und Blüten sowie deren Knospen, geschnitten, zu Binde- oder Zierzwecken, frisch | aus Position 0603 |

| | | |
|---|---|---|
| 9 | Blattwerk, Blätter, Zweige und andere Pflanzenteile, ohne Blüten und Blütenknospen, sowie Gräser, Moose und Flechten, zu Binde- oder Zierzwecken, frisch | aus Position 0604 |
| 10 | Gemüse, Pflanzen, Wurzeln und Knollen, die zu Ernährungszwecken verwendet werden, und zwar | |
| | a) Kartoffeln, frisch oder gekühlt, | Position 0701 |
| | b) Tomaten, frisch oder gekühlt, | Position 0702 00 00 |
| | c) Speisezwiebeln, Schalotten, Knoblauch, Porree/Lauch und andere Gemüse der Allium-Arten, frisch oder gekühlt, | Position 0703 |
| | d) Kohl, Blumenkohl/Karfiol, Kohlrabi, Wirsingkohl und ähnliche genießbare Kohlarten der Gattung Brassica, frisch oder gekühlt, | Position 0704 |
| | e) Salate (Lactuca sativa) und Chicorée (Cichorium-Arten), frisch oder gekühlt, | Position 0705 |
| | f) Karotten und Speisemöhren, Speiserüben, Rote Rüben, Schwarzwurzeln, Knollensellerie, Rettiche und ähnliche genießbare Wurzeln, frisch oder gekühlt, | Position 0706 |
| | g) Gurken und Cornichons, frisch oder gekühlt, | Position 0707 00 |
| | h) Hülsenfrüchte, auch ausgelöst, frisch oder gekühlt, | Position 0708 |
| | i) anderes Gemüse, frisch oder gekühlt, | Position 0709 |
| | j) Gemüse, auch in Wasser oder Dampf gekocht, gefroren, | Position 0710 |
| | k) Gemüse, vorläufig haltbar gemacht (z. B. durch Schwefeldioxid oder in Wasser, dem Salz, Schwefeldioxid oder andere vorläufig konservierend wirkende Stoffe zugesetzt sind), zum unmittelbaren Genuss nicht geeignet, | Position 0711 |
| | l) Gemüse, getrocknet, auch in Stücke oder Scheiben geschnitten, als Pulver oder sonst zerkleinert, jedoch nicht weiter zubereitet, | Position 0712 |
| | m) getrocknete, ausgelöste Hülsenfrüchte, auch geschält oder zerkleinert, | Position 0713 |
| | n) Topinambur | aus Position 0714 |
| 11 | Genießbare Früchte und Nüsse | Positionen 0801 bis 0813 |
| 12 | Kaffee, Tee, Mate und Gewürze | Kapitel 9 |
| 13 | Getreide | Kapitel 10 |
| 14 | Müllereierzeugnisse, und zwar | |
| | a) Mehl von Getreide, | Positionen 1101 00 und 1102 |
| | b) Grobgrieß, Feingrieß und Pellets von Getreide, | Position 1103 |
| | c) Getreidekörner, anders bearbeitet; Getreidekeime, ganz, gequetscht, als Flocken oder gemahlen | Position 1104 |

| 15 | Mehl, Grieß, Pulver, Flocken, Granulat und Pellets von Kartoffeln | Position 1105 |
|----|----|----|
| 16 | Mehl, Grieß und Pulver von getrockneten Hülsenfrüchten sowie Mehl, Grieß und Pulver von genießbaren Früchten | aus Position 1106 |
| 17 | Stärke | aus Position 1108 |
| 18 | Ölsamen und ölhaltige Früchte sowie Mehl hiervon | Positionen 1201 00 bis 1208 |
| 19 | Samen, Früchte und Sporen, zur Aussaat | Position 1209 |
| 20 | (weggefallen) | |
| 21 | Rosmarin, Beifuß und Basilikum in Aufmachungen für den Küchengebrauch sowie Dost, Minzen, Salbei, Kamilleblüten und Haustee | aus Position 1211 |
| 22 | Johannisbrot und Zuckerrüben, frisch oder getrocknet, auch gemahlen; Steine und Kerne von Früchten sowie andere pflanzliche Waren (einschließlich nichtgerösteter Zichorienwurzeln der Varietät Cichorium intybus sativum) der hauptsächlich zur menschlichen Ernährung verwendeten Art, anderweit weder genannt noch inbegriffen; ausgenommen Algen, Tange und Zuckerrohr | aus Position 1212 |
| 23 | Stroh und Spreu von Getreide sowie verschiedene zur Fütterung verwendete Pflanzen | Positionen 1213 00 00 und 1214 |
| 24 | Pektinstoffe, Pektinate und Pektate | Unterposition 1302 20 |
| 25 | (weggefallen) | |
| 26 | Genießbare tierische und pflanzliche Fette und Öle, auch verarbeitet, und zwar | |
|  | a) Schweineschmalz, anderes Schweinefett und Geflügelfett, | aus Position 1501 00 |
|  | b) Fett von Rindern, Schafen oder Ziegen, ausgeschmolzen oder mit Lösungsmitteln ausgezogen, | aus Position 1502 00 |
|  | c) Oleomargarin, | aus Position 1503 00 |
|  | d) fette pflanzliche Öle und pflanzliche Fette sowie deren Fraktionen, auch raffiniert, | aus Positionen 1507 bis 1515 |
|  | e) tierische und pflanzliche Fette und Öle sowie deren Fraktionen, ganz oder teilweise hydriert, umgeestert, wiederverestert oder elaidiniert, auch raffiniert, jedoch nicht weiterverarbeitet, ausgenommen hydriertes Rizinusöl (sog. Opalwachs), | aus Position 1516 |
|  | f) Margarine; genießbare Mischungen und Zubereitungen von tierischen oder pflanzlichen Fetten und Ölen sowie von Fraktionen verschiedener Fette und Öle, ausgenommen Form- und Trennöle | aus Position 1517 |

| | | |
|---|---|---|
| 27 | (weggefallen) | |
| 28 | Zubereitungen von Fleisch, Fischen oder von Krebstieren, Weichtieren und anderen wirbellosen Wassertieren, ausgenommen Kaviar sowie zubereitete oder haltbar gemachte Langusten, Hummer, Austern und Schnecken | aus Kapitel 16 |
| 29 | Zucker und Zuckerwaren | Kapitel 17 |
| 30 | Kakaopulver ohne Zusatz von Zucker oder anderen Süßmitteln sowie Schokolade und andere kakaohaltige Lebensmittelzubereitungen | Positionen 1805 00 00 und 1806 |
| 31 | Zubereitungen aus Getreide, Mehl, Stärke oder Milch; Backwaren | Kapitel 19 |
| 32 | Zubereitungen von Gemüse, Früchten, Nüssen oder anderen Pflanzenteilen, ausgenommen Frucht- und Gemüsesäfte | Positionen 2001 bis 2008 |
| 33 | Verschiedene Lebensmittelzubereitungen | Kapitel 21 |
| 34 | Wasser, ausgenommen<br>- Trinkwasser, einschließlich Quellwasser und Tafelwasser, das in zur Abgabe an den Verbraucher bestimmten Fertigpackungen in den Verkehr gebracht wird,<br>- Heilwasser und<br>- Wasserdampf | aus Unterposition<br>2201 90 00 |
| 35 | Milchmischgetränke mit einem Anteil an Milch oder Milcherzeugnissen (z. B. Molke) von mindestens 75 Prozent des Fertigerzeugnisses | aus Position 2202 |
| 36 | Speiseessig | Position 2209 00 |
| 37 | Rückstände und Abfälle der Lebensmittelindustrie; zubereitetes Futter | Kapitel 23 |
| 38 | (weggefallen) | |
| 39 | Speisesalz, nicht in wässriger Lösung | aus Position 2501 00 |
| 40 | a) handelsübliches Ammoniumcarbonat und andere Ammoniumcarbonate,<br>b) Natriumhydrogencarbonat (Natriumbicarbonat) | Unterposition 2836 99 17<br>Unterposition 2836 30 00 |
| 41 | D-Glucitol (Sorbit), auch mit Zusatz von Saccharin oder dessen Salzen | Unterpositionen 2905 44 und 2106 90 |
| 42 | Essigsäure | Unterposition 2915 21 00 |
| 43 | Natriumsalz und Kaliumsalz des Saccharins | aus Unterposition 2925 11 00 |
| 44 | (weggefallen) | |

| | | |
|---|---|---|
| 45 | Tierische oder pflanzliche Düngemittel mit Ausnahme von Guano, auch untereinander gemischt, jedoch nicht chemisch behandelt; durch Mischen von tierischen oder pflanzlichen Erzeugnissen gewonnene Düngemittel | aus Position 3101 00 00 |
| 46 | Mischungen von Riechstoffen und Mischungen (einschließlich alkoholischer Lösungen) auf der Grundlage eines oder mehrerer dieser Stoffe, in Aufmachungen für den Küchengebrauch | aus Unterposition 3302 10 |
| 47 | Gelatine | aus Position 3503 00 |
| 48 | Holz, und zwar | |
| | a) Brennholz in Form von Rundlingen, Scheiten, Zweigen, Reisigbündeln oder ähnlichen Formen, | Unterposition 4401 10 00 |
| | b) Sägespäne, Holzabfälle und Holzausschuss, auch zu Pellets, Briketts, Scheiten oder ähnlichen Formen zusammengepresst | Unterposition 4401 30 |
| 49 | Bücher, Zeitungen und andere Erzeugnisse des grafischen Gewerbes mit Ausnahme der Erzeugnisse, für die Beschränkungen als jugendgefährdende Trägermedien bzw. Hinweispflichten nach § 15 Abs. 1 bis 3 und 6 des Jugendschutzgesetzes in der jeweils geltenden Fassung bestehen, sowie der Veröffentlichungen, die überwiegend Werbezwecken (einschließlich Reisewerbung) dienen, und zwar | |
| | a) Bücher, Broschüren und ähnliche Drucke, auch in Teilheften, losen Bogen oder Blättern, zum Broschieren, Kartonieren oder Binden bestimmt, sowie Zeitungen und andere periodische Druckschriften kartoniert, gebunden oder in Sammlungen mit mehr als einer Nummer in gemeinsamem Umschlag (ausgenommen solche, die überwiegend Werbung enthalten), | aus Positionen 4901, 9705 00 00 und 9706 00 00 |
| | b) Zeitungen und andere periodische Druckschriften, auch mit Bildern oder Werbung enthaltend (ausgenommen Anzeigenblätter, Annoncen-Zeitungen und dergleichen, die überwiegend Werbung enthalten), | aus Position 4902 |
| | c) Bilderalben, Bilderbücher und Zeichen- oder Malbücher, für Kinder, | aus Position 4903 00 00 |
| | d) Noten, handgeschrieben oder gedruckt, auch mit Bildern, auch gebunden, | aus Position 4904 00 00 |

| | | |
|---|---|---|
| | e) kartografische Erzeugnisse aller Art, einschließlich | |
| | Wandkarten, topografischer Pläne und Globen, gedruckt, | aus Position 4905 |
| | f) Briefmarken und dergleichen (z. B. Ersttagsbriefe, | |
| | Ganzsachen) als Sammlungsstücke | aus Positionen 4907 00 und |
| | | 9704 00 00 |
| 50 | (weggefallen) | |
| 51 | Rollstühle und andere Fahrzeuge für Behinderte, auch mit Motor | |
| | oder anderer Vorrichtung zur mechanischen Fortbewegung | |
| | | Position 8713 |
| 52 | Körperersatzstücke, orthopädische Apparate und andere | |
| | orthopädische Vorrichtungen sowie Vorrichtungen zum Beheben | |
| | von Funktionsschäden oder Gebrechen, für Menschen, und zwar | |
| | | |
| | a) künstliche Gelenke, ausgenommen Teile und Zubehör, | aus Unterposition 9021 31 00 |
| | b) orthopädische Apparate und andere orthopädische | |
| | Vorrichtungen einschließlich Krücken sowie medizinisch- | |
| | chirurgischer Gürtel und Bandagen, ausgenommen Teile und | |
| | Zubehör, | aus Unterposition 9021 10 |
| | c) Prothesen, ausgenommen Teile und Zubehör, | aus Unterpositionen 9021 21, |
| | | 9021 29 00 und 9021 39 |
| | d) Schwerhörigengeräte, Herzschrittmacher und andere | |
| | Vorrichtungen zum Beheben von Funktionsschäden oder | |
| | Gebrechen, zum Tragen in der Hand oder am Körper oder zum | Unterpositionen 9021 40 00 und |
| | Einpflanzen in den Organismus, ausgenommen Teile und | 9021 50 00, aus Unterposition |
| | Zubehör | 9021 90 |
| 53 | Kunstgegenstände, und zwar | |
| | a) Gemälde und Zeichnungen, vollständig mit der Hand | |
| | geschaffen, sowie Collagen und ähnliche dekorative | |
| | Bildwerke, | Position 9701 |
| | b) Originalstiche, -schnitte und -steindrucke, | Position 9702 00 00 |
| | c) Originalerzeugnisse der Bildhauerkunst, aus Stoffen aller Art | |
| | | Position 9703 00 00 |
| 54 | Sammlungsstücke, | |
| | a) zoologische, botanische, mineralogische oder anatomische, und | |
| | Sammlungen dieser Art, | aus Position 9705 00 00 |
| | b) von geschichtlichem, archäologischem, paläontologischem | |
| | oder völkerkundlichem Wert, | aus Position 9705 00 00 |
| | c) von münzkundlichem Wert, und zwar | |

| | |
|---|---|
| aa) kursungültige Banknoten einschließlich Briefmarkengeld und Papiernotgeld, | aus Position 9705 00 00 |
| bb) Münzen aus unedlen Metallen, | aus Position 9705 00 00 |
| cc) Münzen und Medaillen aus Edelmetallen, wenn die Bemessungsgrundlage für die Umsätze dieser Gegenstände mehr als 250 Prozent des unter Zugrundelegung des Feingewichts berechneten Metallwerts ohne Umsatzsteuer beträgt | aus Positionen 7118, 9705 00 00 und 9706 00 00 |